ORIGINAL POINT PSYCHOLOGY | 沅心理

快乐育儿

接纳承诺疗法早期养育攻略

[美] 莉萨·科因（Lisa W. Coyne）
埃米·默雷尔（Amy R. Murrell）◎著

曹慧　祝卓宏◎译

The Joy of Parenting

An Acceptance and Commitment Therapy Guide to Effective Parenting in the Early Years

华龄出版社
HUALING PRESS

北京市版权局著作权合同登记号 图字：01-2024-5269 号

图书在版编目（CIP）数据

快乐育儿：接纳承诺疗法早期养育攻略 /（美）莉萨·科因 (Lisa W. Coyne)，（美）埃米·默雷尔 (Amy R. Murrell) 著；祝卓宏，曹慧译. -- 北京：华龄出版社，2024. 10. -- ISBN 978-7-5169-2865-3

Ⅰ. G78

中国国家版本馆 CIP 数据核字第 2024AZ4380号

策划编辑	颉腾文化	责任印制	李未圻
责任编辑	貌晓星　李梦娇	装帧设计	王建敏

书　　名	快乐育儿：接纳承诺疗法早期养育攻略	作　　者	[美] 莉萨·科因（Lisa W. Coyne）等
出　　版 发　　行	华龄出版社 HUALING PRESS	译　　者	曹　慧　祝卓宏
社　　址	北京市东城区安定门外大街甲 57 号	邮　　编	100011
发　　行	（010）58122255	传　　真	（010）84049572
承　　印	文畅阁印刷有限公司		
版　　次	2024 年 10 月第 1 版	印　　次	2024 年 10 月第 1 次印刷
规　　格	650mm × 910mm	开　　本	1/16
印　　张	15.5	字　　数	201 千字
书　　号	978-7-5169-2865-3		
定　　价	79.00 元		

接纳承诺疗法（ACT）系列
编委会

Foreword 推荐序一

接纳承诺疗法在中国的发展

近年来，中国在接纳承诺疗法（Acceptance and Commitment Therapy，ACT）、第三代认知行为疗法（Cognitive and Behavioral Therapy，CBT）以及更强调情境性和过程导向的语境行为科学（Contextual Behavioral Science，CBS）等方面的显著发展引人注目。除了在心理治疗 / 咨询领域的发展之外，ACT 还广泛应用于教育、护理、教练和组织工作等专业领域中。

这套丛书的翻译出版是标志 ACT 及相关方法在中国持续发展的重要里程碑。在中国，人们的兴趣似乎正从传统的治疗视角转向更广泛的基于过程的视角，这一视角挑战了传统的基于诊断、干预和旨在改变心理症状的经验主义模型，并开辟了通往人类福祉的康庄大道。

对 ACT 基于过程的方法的日益关注

接纳承诺疗法生长于行为心理学的沃土之上，现在已经成长为超越传统心理治疗领域的模型。ACT 的核心是心理灵活性模型，该模型几乎适用于所有人类行为功能领域。中国对 ACT 的日益接纳不仅表现在学术趋势上，也反映在人们已经广泛认识到依据已有的精神病学理论和诊断标准［包括基于综合征的诊断（如 DSM 中使用的诊断）］的局限性上，还反映在人们日益重视内在过程，而非外在症状或患者主诉上。在中国的文化背景下，这种转变尤为重要，因为长期以来的中国传统哲学是强调和谐、平衡和理解语境的重要性。

ACT 与中国传统文化的共鸣

ACT 的哲学根源植根于实用主义和语境主义，与中国文化和传统哲学自然契合。ACT 所强调的根据个人价值生活、关注当下、接受生活的内在挑战等理念，与儒教、道教和佛教等核心原则相符。此外，ACT 的灵活性也是使其能够融入中国人生活方方面面的可能原因，因为这种灵活性代表在某一领域取得的进展可能会很容易地转化为另一领域的进展，这将大大降低使用的难度。

更广泛的视野：超越传统心理治疗

作为在 40 多年前开启了 ACT 的创始人，我被邀请为本次翻译的九本书撰写推荐序。这套丛书反映了 ACT 及相关方法在养育、创伤、慢性疾病应对、亲密关系或社会组织等领域中的扩展应用。它们探讨了如何学习 ACT，并将其原则应用于理解特定个体的独特需求，或如何避免陷入无效的变革努力中。

ACT 在中国的未来

随着 ACT 在中国的持续发展，这种方法更加适应中国社会独特的需求和文化背景。在中国开展的随机对照实验的增多、国际语境行为科学协会中国分会等组织的出现，以及 ACT 在护理、教育和体育等多个领域中的应用，都预示着 ACT 在中国的光明未来。中国从业者和研究者在 ACT 框架内继续探索和创新的过程中，毫无疑问将为全球 ACT 社区贡献新的见解和方法。

结论

我怀着无比兴奋和期待之情向中国读者介绍这套丛书。每本书都代表在理解和应用 ACT 方面更进一步，为从业者和大众提供了宝贵的见解和实用工具。

随着中国继续接纳和适应ACT，整个世界将密切关注并学习。ACT与中国传统文化的融合，以及中国从业者和研究者的创新精神，必然会推进CBS并改善全球所有人的生活。我很荣幸能参与这一旅程，并期待看到ACT在中国及更广泛地区的持续演变。

史蒂文·C. 海斯

博士，内华达大学里诺分校心理学荣誉教授

2024年秋

推荐序二 Foreword

接纳痛苦，拥抱生活

自2019年底以来，人类似乎在经历一场磨难，突如其来的新冠疫情席卷全球，带走了上千万条生命。疫情尚未结束，2022年2月24日，俄乌冲突却又开始，在这之后，中东的巴以、黎以战火再次燃起，不知何时能结束。由于三年疫情导致全球的精神问题爆发，世界卫生组织发布的《2022年全球精神卫生报告》显示，抑郁症和焦虑症的发病率增加了25%，全球精神疾病患者有近10亿人。世界卫生组织提倡“向所有人享有精神卫生服务转型”，但是，如果精神医学仍然沿用躯体医学的策略诊断、治疗精神障碍，就会与这一目标背道而驰。海斯教授曾经大声疾呼：“我们人类对于精神障碍的基本假设和诊治模型错了！”他提出新的心理健康模型“心理灵活性模型”，并且认为只有这一模型才能引导人类走出目前精神医学的发展困境——虽然精神药品越来越多，但精神疾病患者也越来越多。在这一模型指导下的临床治疗方法就是接纳承诺疗法（ACT），ACT不是为了消除症状和痛苦，而是全然接纳所有痛苦的经验，觉察内心的感受、想法、情绪，同时充分接触生活的自然环境、人际环境和社会环境，选择自己内心的价值方向，并为此采取有效的承诺行动，实现自己的价值。

我自2004年学习ACT、2005年加入国际语境行为科学协会（ACBS）以来，逐步把ACT运用在临床心理治疗实践中，取得了很好的效果。如此算来，ACT进入中国已经整整20年了。2011年，方双虎教授的译著首次将ACT系统地介绍给中国的心理治疗师与心理咨询师。随着国内学习 ACT 的心理治疗师、心理咨询师、精神科医师越来越多，他们对 ACT 专业图书的需求也就越来越高。

这套丛书包括 ACT 疗法创始人史蒂文 · C. 海斯教授的《亲社会团队：高效 ~ 公平 ~ 协作》《PBT 一学就会：实操技能培训手册》《ACT 一学就会：接纳承诺疗法入门指南》和《超越 DSM 的 PBT：基于过程的心理诊断与治疗》，这些书体现了海斯教授关于亲社会、循程治疗、EEMM 模型和超越 DSM 的颠覆性思考；广受 ACT 咨询师欢迎的哈里斯博士最新出版的《ACT-150 个卡点与突破》《T-F ACT：聚焦创伤的接纳承诺疗法指南》《ACT 实践困境的解决方案》，哈里斯博士针对临床实践中常见的技术难点、卡点及创伤案例，给出了系统的解决方案，为读者提供了可以模仿的示范；还有一本针对当下需要的养育子女宝典《快乐育儿：接纳承诺疗法早期养育攻略》和一本解决婚恋情感问题的《伴侣 ACT 疗法实践指南》，这些都是精心选择的 ACT 领域的优秀图书。

我相信，这套丛书的出版，必然会大力推动 ACT 在中国的应用，也会助推心理灵活性、循程治疗、亲社会团队等理念在中国的传播。在此，我感谢为翻译做出贡献的译者和编委会成员，也对周中华董事长、何萍老师表示衷心的感谢，感谢他们以一种前瞻性视野看待 ACT 的发展。与此同时，我也对海斯教授为这套丛书撰写推荐序表示感谢，在其序中，海斯教授对 ACT 在中国的未来发展充满期待。

金秋北京，秋高气爽，路边银杏树硕果累累。中秋过后，十一来临，值此普天同庆的节日里，祝福祖国强盛，祈愿世界和平，也衷心祝愿 ACT 能够与中国传统文化充分融合，在中国的社会文化语境中创新发展，一起 ACT，幸福中国人！

祝卓宏

中国科学院心理研究所教授

2024 年 9 月 29 日

目录 Contents

第1章

关于养育的ACT哲学

接纳、选择和行动

如果有一天，我们能够按照本来的样子接纳自己和我们的孩子，那我相信我们就真正理解“良好养育”的意义了。

——弗雷德·罗杰斯

我们都对自己的孩子充满期待。我们希望他们能够快乐和安全地长大，希望当他们离开我们的怀抱时，能找到像我们一样爱他们、珍视他们的人。我们希望他们能够成功、独立、富有同情心和睿智。我们也希望能够确保自己在他们实现这些梦想的过程中扮演重要角色，而我们的角色对幼儿和学前阶段的儿童来说尤其有意义。在这个阶段，作为家长的我们，是孩子的全世界，再不会有另外一个发展阶段，孩子会像这样完全地依赖我们。这是我们帮助他们塑造内在体验以实现梦想的黄金时段。然而，就像我们都知道的那样，这是一件说易行难的事情。当我们感到不确定或当我们的孩子特别具有挑战性的时候，我们的头脑就杂念丛生，开启评判：评判我们作为家长的行为，我们当下做出的选择，以及我们孩子的行为。

例如，你是否曾经在你两岁大的孩子面前发脾气时，担心过这会在将来发展为问题行为，并因此影响其学习能力？或者在你四岁孩子非常黏人，并害怕分离时，担心这可能会恶化为重度焦虑或者对他人过度依赖？或者担心你使用的养育策略会导致孩子将来出问题？同时，你还担心怎么才能知道孩子的行为问题是否会成为未来的问题？你应该在什么时候干预，又如何干预？

作为人类，我们的大脑很可能会向我们嘀咕它们的各种担心，尤其是当我们有压力或感到脆弱时，这是人之常情。无论孩子身上发生什么事情，我们的大脑都会给我们灌输很多令我们担忧的东西。而且似乎我们别无选择，只能听从大脑指挥。有时候，我们过度听从它们给我们灌输的内容，以至于完全听不到别的声音。而这种时候，正是我们在应对孩子，以及应对他们如何回应我们等事情上，最容易犯错误的时刻。养育是一项困难的工作，而通常我们自己又是那个对我们的养育行为最吹毛求疵的人，这常常让养育这份工作变得更难。

在养育孩子时遭遇困难，你并不是一个人！

回想一下作为家长的你经历过的最黑暗的时刻——那些你最不引以为傲的，甚至如果可能的话你希望能够擦除掉的时刻。想象你坐在一位心理咨询师面前，她刚刚要求你描述了这些时刻。对于那些经历，你分享的意愿程度如何？你在多大程度上想保持沉默？你可能会很惊讶，所有来找我们咨询的家长，无一例外地，都因他们对孩子的感受或反应而感到羞愧或尴尬。就好像在他们的头脑中有一个无形的监察官在说“哦，不，不要这样说”，或者“好家长绝不会这样想”，或者“如果我这样说，她肯定会觉得我是个蠢才”。下面这些话语是家长觉得可以分享时说的话：

- “我希望我能度个假，一个人待着。我都要被这种一直被需要的感觉给压垮了。”
- “每次她在商场里闹腾，我就特别想逃跑。”
- “我的孩子让我筋疲力尽。我决不想要这样。我不知道养孩子竟然会是这样的。”
- “我实在太生他的气了，我觉得我好像要失控了。”

读到这些家长的经历时你是什么感觉？第一个跳出来的想法是不是“哦，不，我不是这样的”？或者在某个地方，在某种程度上，你也曾冒出过这些想法？家长从别的家长身上，从家长组成的社会中学会了隐藏这类想法和感受。我们被教育说这些想法都是错的和不好的。仅仅是读到这些句子都可能会引发我们这样的想法：说这些话的家长可能是失败的，他们会伤害到他们的孩子。我们的文化让我们认为承认自己有某些想法就等于“坏家长”。当知道其他家长也会这样想时，你可能会松一口气，但这种放松不会持续很长时间，尤其是当你看到身边有一个似乎能处理好一切的家长时。想一想我们的电视、电影和杂志是怎么刻画母亲形象的，以及那些着墨不多的父亲形象。这些媒体倾向于把家长塑造得很完美，总是不离孩子的左右，总是很开心，总是很有把握。当你想象到这些画面时，你的大脑可能会自动卷入社会比较中，而且你总是被比下去的那个。

然而，这还不是故事的全部：你的大脑还会批判其他家长。当你看到有些孩子在游乐场、餐厅或商场中出现问题行为的时候，你是否对那些家长有苛刻的评价？关于这些家长，你的头脑中会冒出一些想法，比如：他们做错了什么和他们应该怎么做才对。但是关键在于：想象一下你自己处于一个类似的情境中——你的孩子吵闹不休，而你注意到其他家长正在看着你。根据我们的来访者讲述的，以及我们自己作为家长的经历，我们猜测这个时候你的大脑对你这个家长的过错、缺点及笨拙之处会毫不例外地严厉指责。许多家长认为他们孩子的问题行为显示了他们的失败。而无论你喜欢与否，这些感受都是养育体验中非常正常的一部分。确实，这些事情很难被承认。作为心理咨询师，我们很难想到有哪个家长从来没有体验过类似的想法或感受。毫不意外，很多家长回应这些想法和感受的方式是将其隐藏起来，不让别人甚至也不让自己发现。不幸的是，虽然这样的策略在短时间内是有效的，但长期来看，反而会带来毁灭性的后果。其中最主要的意料之外的消极后果是会导致家长产生孤独感，好像他们自己是唯一有过这样的“坏的”想法和感受的家长。

本书将告诉你：你不是在孤军奋战。本书是为了幼儿的家长而写，写养育幼儿的历程，本书将与你的养育经验相呼应。在面对早期儿童的常见行为变化和挑战时，它将提供有意义的选择，帮你应对此时那难以应对的想法和感受。我们将帮助你学会如何从你自己的念头中跳出来，练习如其所是地去看到和体验你的孩子的卓越、美丽以及脆弱，并与之同在——在他最美好的时光中，以及更重要的，在他最糟糕的时刻里。我们将教你如何正念、慈悲地养育你的孩子，即使是在他或你最困难、最脆弱的时刻。

养育的接纳承诺疗法模型

接纳承诺疗法（Acceptance and Commitment Therapy，ACT）是以有效追求生活中最重要的价值为目的，强调慈悲地体验和接纳自身体验的一种治疗流派。本章将把 ACT 作为一种生活哲学，并鼓励作为家长的你，通过体验式练习来探索和认识 ACT 是如何描绘你和孩子相处的经历的。从 ACT 的角度看，你如何对待自己的想法和感受，尤其是在与孩子的关系中的想法和感受，是有效养育的关键。你的价值和脆弱就像是相机的镜头，你会透过它去观看自己的孩子，并聚焦于那些如何养育他，如何为其提供指导和设定界限等选项上。基于 ACT 的养育（ACT-Based parenting）将帮助你慈悲地体验并接纳你的感受、你的担心以及自以为不够好的想法。在大部分的挑战性情境中，你努力的目标是如其所是地觉察和接纳你的感受和想法，而不试图去改变它们，这样你就可能在这些情境中欣赏你的孩子，坚持你最珍视的价值方向——在你和孩子的关系中什么是最有意义的。

儿童早期的养育之道

良好的关系和设定恰当的界限对孩子的所有发展阶段来说都是重要的，对儿童早期来说尤为如此。

儿童早期（2~8 岁）预示着家庭会面临很多变化、转型和挑战。虽然该发展阶段看上去很短暂，但包含了你和孩子的各种各样极为重要的里程碑。就像你的孩子在成长和变化那样，作为家长的你也在成长和变化。你可以把儿童早期的养育当作一段平行的发展期。孩子在社会化、情绪和行为上日臻完善的同时，你的养育策略也应当随之发展和变化。有时，它们相辅相成，但有时，又似乎南辕北辙。

儿童早期是一个你必须敏锐地引导，有时还要对你的孩子坚定地设定界限的时期。有时，孩子的需要层出不穷，你完全没法休息一下或者得到一段喘息的时间。这是一种高难度的平衡艺术。很难确定应该在多大程度上进行引导，又在多大程度上撒手让孩子自由探索。相似地，有时候会很困惑什么时候应该给他们设定规则，而什么时候又无须那么严格。更进一步地，随着你的孩子成长为更加成熟的思考者和更有觉察力的社会成员，你必须时刻准备着改变你的策略来适应他们的发展变化。

养育方式的转变

虽然所有父母都会随着他们孩子的认知、情绪和行为发展而自我改变和成长，但是有时候这些养育方式的转变痛苦且困难。想想你自己的经历。这些转变通常可能是发生在你最脆弱和力不从心的时候。就像你刚刚建立了一套日常规范，你发现你可能需要重建一套新规范。随着孩子的成长，他寻求着自主，渴望获得更多知识，他的行为从非常依赖家长到开始更多地与学校里的朋友在一起。但是，知道这些转变是常态并不一定能让这个过程更容易些。事实上，这可能会让事情变得更困难，因为随着孩子年龄的增长，你可能会感到他的行为越来越少地受到你的控制。

传统行为取向的养育方式

有很多现行的养育培训项目，它们强调帮助家长改变他们孩子的行为，在某种程度上是通过改变他们自己的养育策略来实现的。这些策略中的大部分是将养育中的困难视作“技巧缺乏”——它们假设家长缺乏有效地改变自己孩子行为的技巧。因此，这些策略会努力教授一些新的养育技巧，例如如何有效塑造（或重塑）与孩子的关系，如何持续地设定界限，或者如何保证孩子遵循指导。

大部分行为取向的养育培训中关于攻击和不顺从（即你的孩子没有按照你说的去做）的治疗模型是建立在社交技能学习科学家杰拉德·帕特森的工作之上的，在过去的几十年里，他对儿童及家庭进行了大量的研究。一般来讲，当家长做以下三件事情时，儿童行为问题更有可能发生：

1. 当孩子做得好的时候没有注意到。
2. 过度关注负面行为。
3. 对孩子进行空泛的威胁或不断提升要求。

这三种养育行为会导致孩子持续出现行为问题，比如不顺从，发脾气和攻击性行为。简言之，孩子可能出现问题行为，部分原因是在回应你不断升级的威胁和难以达到的要求。

同样，你的孩子可能会学会迫使你屈服的方法，从而让你不能坚持那些有利于孩子发展的恰当要求。举一个经典的例子：想象一位妈妈带着孩子在超市排队等候结账。孩子一开始轻声请求要买糖果。妈妈没同意，并要求孩子安静。然后孩子音量提高并开始哭闹。妈妈依旧说不，而孩子的行为变得更糟。妈妈感到尴尬。她的心跳加快，开始出汗，而当人们开始看过来的时候，她更多地想到了自己作为家长的失败。绝大多数情况下，这位妈妈会妥协，并给孩子买一些糖果。基于此类情况，许多基于研究的养育模型在教家长如何关注并奖励“好”行为，如何理智地选择哪些不当行为可以忽略，以及如何简单又有效地给予孩子指导。这些技巧通常用于改善亲子关系，尤其是亲子关系需要得到修复时。

缺失的链接：家长的想法和感受

虽然，充分知晓和熟练使用这些技巧非常重要，但这仅仅是家长们面临的育儿难题中的部分问题。众所周知，行为取向的养育策略有时难以起效，其中最重要的一个原因是家长难以持续且正确地使用这些技巧。那么，到底是什么妨碍了这些技巧的使用呢？

当然，一些孩子比其他孩子更难养育。例如，有些孩子抗拒分离或似乎比其他孩子更焦虑。有些孩子可能是对抗型的（他们固执且爱争辩），或者可能对奖励不来电。还有些孩子可能会挑食、不好好睡觉，或者不会与其他孩子相处。虽然这些问题中的绝大多数都是正常发育过程中的各种表现，但如果它们发生在你的孩子身上，你还是会对要做些什么或如何想通这些难题感到不知所措。但是，这也并没有完全描绘出全部的养育困难。为什么有些家长能够有效养育那些难对付的孩子，或者那些在发展节点遇到挑战的正常孩子？为什么有些家长，虽然他们的孩子表现得很好，也正常地度过了发展节点，却依旧纠结？为什么即使有些家长已经做得非常好了，他们依然会自我谴责并总是关注他们失败的地方，而不是成功之处，或者只关注他们孩子缺失的部分，而不是拥有的那些？

大部分针对孩子行为的养育方法都不重视在抚养孩子时你脑子里正发生着什么。关于有效的行为养育技术的实证文献中也几乎没有提及这一点，并没有开发这方面的内容。虽然很多卓越的行为养育培训项目也引入了大量经过严格临床检验证明对幼儿很有效的养育原则，但是没有教给父母当他们感到不知所措或者难以使用这些技术时，又该怎样使用这些技术。作为养育者，你的行为以及和孩子的互动取决于你当时所处的情境。在某个特定情境下你难以应对的部分原因是：你对所处情境的想法和感受，以及你赋予此情境的意义。看看下面的例子：

- 珍妮是4岁孩子雷克斯的母亲。她的价值方向是成为一位慈爱的母亲，并试图帮助雷克斯保持情绪稳定。她相信如果他发火，就表示她帮助雷克斯学习控制情绪的能力不足，而且这意味着她并不是一位合格的家长。因此，当雷克斯在商店里要玩具或零食时，她通常都会妥协。有时她会试图拒绝这些要求，好让孩子知道并不是他想要的一切都能得到，但是只要孩子开始尖叫、跺脚，她就会觉得自己别无选择，只能让他得到他想要的。然而，为了满足雷克斯对玩具和小奖赏的要求，珍妮已经花太多钱了，当家庭经济情况不太好的时候，雷克斯的行为就成了问题。
- 玛卡娅是一位单亲母亲，她有一个6岁男孩阿芒德和一对两岁半的双胞胎女儿凯莎和安吉拉。她常常感到双胞胎占用了她大量的时间，她依赖阿芒德的帮助，她希望阿芒德能够快速完成她告知的事情。但是，自从阿芒德开始上幼儿园，他似乎很难快速遵从指令。玛卡娅必须反复向他发出指令，如捡起他的玩具，或者跑去为双胞胎中的一个取一片纸尿裤，这让她感到愤怒。她提高她的音量，向他大喊出他没有执行的命令。有时，她用打屁股威胁他，而有时她放弃了。有时，阿芒德也会以大喊大叫进行回应。这会让她感到无助和难以承受。每一次，当阿芒德用某种眼神看着她时，她头脑中似乎就出现了一个小小的声音在告诉她：对阿芒德来说，她是失败的，她做得太不够了，没能帮助他成长为一个负责任的成年人。因此，她开始逃避阿芒德，要他回自己房间去玩。

- 皮特是5岁孩子莎拉的父亲。他学到的是如果一个孩子违反了规则就应该受到惩罚。所以当莎拉打破规则时，他会让莎拉坐到楼梯最下面的台阶上，进行计时隔离（Time-out）。一天，当皮特在电脑前工作时，莎拉过来向他讲学校里发生的事情。因为她打破了他关于在他工作时不能打断他的规则，他对莎拉采用了计时隔离。莎拉似乎比平常更烦躁，并且有两次走回来和他说话。皮特坚守规则，并且希望莎拉能够学会毫无例外地遵从。所以他坚持执行完计时隔离，然后把她送去睡觉，没有讲故事，也没有被窝游戏。第二天早晨妻子告诉他说，其实莎拉仅仅是想要告诉他，昨天在学校里和朋友吵架了，这让莎拉非常伤心。他对妻子感到愤怒，因为妻子让他感到愧疚，他也很后悔他错过了支持女儿并且和女儿走得更近的机会。他怀疑自己的选择是不是正确的。

对上述的所有家长来说，他们的想法和感受让他们在看待和回应孩子时失去了敏锐度。你的大脑，就像这几位家长的大脑一样，可能会在你没有有效养育时批评你，而这可能会让事情变得更糟。

好消息是：你可以选择把你的关注点放在哪里——你的孩子，还是你的大脑。

在意你的孩子，还是在意你的大脑？

我们都有来自自己或他人的压力。作为父母，你必须平衡来自养育方面的需求和来自繁忙的生活中其他领域的要求，这包括你自己的压力源、情绪和自我评价。即便你可能没有意识到这一点，其实你也总是在评价你自己、你的养育行为和你的孩子。为了更好地理解这一点，我们邀请你进行下面的练习，看看你进行自我评价的过程。找一个笔记本，你可以把它作为“养育笔记”，你可以把你的答案写在上面。（在本书中，你将会多次用到养育笔记来做练习。）

练习一下

观察你的头脑

回忆一下上一次在有其他家长在场而你的孩子表现不太好时的场景。尽可能细致地回忆当时的场景，就像你在一帧帧地过电影一样，尽量描绘当时的画面，然后把你自己放到那个场景中去。在那个场景中，基于以下问题进行反思。把回答记录在你的养育笔记中。

- 你在哪里？发生了什么？你的孩子是如何不听话的？你会怎么做？你的表情是怎样的？你的身体语言呢？
- 你的孩子在其他人面前表现不好，对你来说是一种什么样的体验？你是否质疑你的应对方式（或不能应对）？在和你的孩子过招时，是否有关于其他家长会如何想或如何看待你之类的想法闪过你的脑海？你是否改变了你的行为，使之看上去让其他家长甚至你的孩子更能接受？你是否被你的想法纠缠又试图将它们推开，劝自己别去想，或者质疑它们的逻辑？

- 当时你的注意力是否已经离开了当时的情境，而你的大脑开始快速运转，不停地告诉你接下来应该做什么，或者如何避免你害怕的结果？

在你回答了以上问题后，就让注意力回到此时此刻。觉察一下你现在是能够轻易地继续阅读，还是有点尴尬。如果不太容易继续阅读，那么是不是因为你仍然沉浸在你的孩子在公共场合下表现得不太好的那段体验中？

如果你曾经体验过这样的想法——对自己感到不确定，或者你注意到自己在用一种严苛的眼光来看待自己的行为，那么，欢迎你来到人类的世界。你是人，并且你有一个精密且审慎的大脑。请这样想：你的大脑在许许多多的场景中都是一位卓越的伙伴。它帮助你为未来制订计划、评估行动路线，以便为你自己、你的孩子和你的家庭选择最好的方式。你的大脑帮助你评估未知的危险、制订日程以及规划你与孩子相处的时间。你的大脑允许你不需经历就能预期未来，也允许你进行追忆并从过去中学习。大脑在每个人身上都以同一种模式进行工作，并因此将我们人类紧密联结在一起。不幸的是，大脑给我们带来好处的同时，有时也会阻碍我们和孩子的互动，让我们对当下情况视而不见。

如果这种“视而不见”的感觉对你来说很熟悉，那么再一次地，恭喜你是正常人类。你在“关注你的大脑”，这是我们所有人都在做的事。既然你是人类，那你就不会找到大脑的关闭键，除非是极短的瞬间。这是因为事实上并没有关闭键：大脑在做它应该做的。你的大脑是一个批评家，你每天——有时是每时每刻——都能听到其言论。

你的大脑总是在跟你说话，评价你的行为，并责备你：因为你做错了事，因为你的情绪太强烈或太低落，因为你在养育孩子上的失败。为什么会如此呢？大脑的目的就是保护你不受伤害，无论是真实的伤害还是想象中的。但是，有时，你的大脑有点过分热心。因此，当你完全被大脑的想法牵绊住时，你可能会进入“自动化”养育，而不能注意到与你的孩子在一起的那个当下到底正在发生什么。下面这个故事，是一位名叫琳达的妈妈讲给我们听的，或许可以帮助你理解我们在说什么。

育儿小故事

关注当下

一天早晨，我五岁的女儿在上幼儿园之前涂了口红，虽然她知道这是不被允许的。我们已经要迟到了，我感到非常挫败，我的脑袋里全是不愉快的想法——女儿故意打破规则，背着我涂口红。如果我的孩子涂着口红去上学会让老师和其他家长认为我是一个不用心的家长。但是如果要孩子擦掉口红，这需要额外的时间来说服她，可能会让我赶不上班车从而上班迟到，我会因为我的迟到被斥责，这简直太可怕了，等等。我能感觉到我的怒气指数就像温度计里的汞柱一样不停上涨，而我开始向女儿大喊。我打算不仅要让她把口红擦掉，还要让她知道我有多生气，以及她的行为给我们两个都带来了什么样的后果。我不停地大吼，直到女儿的眼睛里盈满眼泪，并且说道：“但是，妈妈，我觉得自己太小了，而口红能让我显得大一些。”

琳达告诉我们，女儿一直是班上个子最小的孩子。由于她的个子小，她忍受着对她没有期待的老师，过家家时永远让她扮“小孩儿”的同伴，更严重的是言语和身体上的欺负。“然而，”琳达对我们说，“我竟然也会去贬低我的孩子。因为我忙着对抗负面想法带来的压力，忽略了孩子事实上正在经历什么。女儿感觉自己渺小，并在寻找一种方式使她能在大多数人都比她大的世界里变得更加强大。虽然表面上看，设置规则似乎是我应该做的，但我错过了更广阔、更重要的视野。我是在条件反射性地应对我头脑中的想法，而不是在积极回应孩子的需要。这个特殊的时刻本来可以成为我们建立联结的时刻。我错失了一个认识和了解孩子感受并走近她的机会。

正念如何改变养育

所有的父母都有感到不知所措的时候。当遭遇自我批判或自我评价的想法时，就像琳达在前面的故事中经历的一样，我们就“沦陷”在自己的想法中了。这种情况下，我们的注意力会放在我们的想法上，从而失去发现我们的孩子到底在经历什么的可能。在那些情况下，我们相信“正念”是对家长——特别是对像你一样的幼儿家长——有用的技能。那么究竟什么是“正念”？正念是对当下进行富有同情心的、丰富的、非评判的觉察。正念需要大量的练习，但是假以时日，它可以帮助你更充分地体验与孩子在一起的时刻（甚至是困难时刻），从而让你可以更加成熟和更有效地养育孩子。

精神病学家和儿科专家尼尔比・辛格（Nirbhay Singh）教授和他的同事近期的研究表明，留意你自己在育儿过程中产生的想法、感受和体验对有效养育和对儿童设置适当的限制来说是至关重要的。当你卡在如何管理和控制自己的想法和感受时，你的注意力就从你的孩子身上完全离开了。但是，如果你能只是承认这些想法和感受的存在，而不去回应它们，你就有可能全身心地照看你的孩子，并因此能以一种更敏锐、更具回应性的方式进行养育。

例如，支持性的养育方式是指理解、承认，并以行动支持孩子的意图和目标。支持性的养育方式在儿童早期可能尤其重要。作为支持型的家长，你给孩子示范怎样是获得其想要的东西的恰当方式。你作为一位成熟的“合作伙伴”和你的孩子一起合作，并帮助他保持专注，看到事情的进展。下面是支持性养育的一个例子：一个小女孩正在拼她人生中的第一个拼图。她开始感到沮丧，并试图弄坏几块拼图，以使它们可以塞进拼图板中。她的父亲在她旁边坐下，和缓地表明自己知道孩子正面临一个困难。然后，这位父亲不是去帮他的女儿完成拼图，而是跟她谈话，教她一些技巧（例如，匹配拼图的轮廓，把拼图转一下）。他还关注她的感受，并询问她是否需要帮助。这位父亲在帮助女儿达到她的目标：完成拼图。他的成功是基于觉察她的情绪，而不是试图改变或控制她的情绪。着眼于孩子的目标有助于营造一个支持性的环境，帮助孩子掌握长大后应对其他挑战需要的发展性技能。

养育行为研究者西奥多·迪克斯（Theodore Dix）及其同事最近的一项研究表明，当家长专注于幼儿在当下的动机和意图，而不是他们自己的想法和感受时，他们就更可能做出支持幼儿实现其目标的行为。举例来说，在这项研究中，情绪更加低落的父母报告了更少的以孩子为中心的情绪，更多的以家长为中心的情绪；他们更少表现出给予孩子支持的行为。当父母有诸如愤怒之类的负面情绪时，他们也较难与孩子的情绪同调。这暗示着在忙于调整自己情绪的养育者，不太可能去关注和敏锐感知孩子的需要。

回避或压抑不想要的想法或感受的倾向——我们说的经验性回避

（experiential avoidance）——可能导致无效养育。为什么？因为当你试图回避你的想法和感受时，你会：

- 使用僵化的、缺乏灵活性的养育策略；
- 难以贯彻自己的养育策略，例如一开始说“不”，之后又说“好”；
- 对孩子的负面情绪（愤怒、焦虑、沮丧等）过度反应；
- 关注和回应孩子的不当行为，而不是赞美孩子的良好行为；
- 在意你的头脑，而不是你的孩子。

越来越多的证据表明，正念，或者称之为正念觉知，可以帮助你去照顾孩子的需求、目标和愿望。例如，共情性觉察（empathic awareness）——对孩子的动机和愿望的预测能力或对孩子想法和感受的想象能力——就与正念紧密相连。正念也使得你更可能学习和适应孩子的新情况，这些情况可能与以前你跟他在一起的经验不一致。所有的孩子都在变化和发展；如果你能正念觉知自己的孩子，你可能会很快注意到这些变化，并能更有效地回应。研究显示，父母若具有共情性觉察能力，则孩子会有更少的行为问题，这些父母自身的幸福感也更高。另一些研究表明，那些更不能接纳自身经历的父母更有可能体验到父母身份带来的压力。反之，如果父母在正念上下功夫，并接纳孩子以及自己的养育能力，他们将成为更好的父母，孩子往往有较少的行为问题。这表明，正念觉察并接纳孩子、我们与孩子的关系以及我们自身，将帮助我们全然地体验养育过程，并成为积极回应式的而不是被动反应式的家长。

经验性回避

正如我们之前提到的，经验性回避——回避或压抑不想要的想法或感受的倾向——与养育压力有关。一项最近的研究还表明，试图回避那些不想要的关于养育的想法和感受，会使父母更难学习新方法或应用学到的技能。这可能是因为当你在努力控制你的想法和感受时，你的注意力就从手头的任务上溜走了。例如，假设你正在打网球，但同时要求你玩“倒数7”或“正数7”的游戏①。尽管这两个任务毫无关系，但毫无疑问的是你打网球的表现将下降。同样，如果你想帮助孩子应付一个令人沮丧的并且稍微超出她能力范围的任务，你会发现，如果你在试图阻止你的大脑，让它停止批评你的表现，那么帮助她就变得更困难了。这就好像是在边养育孩子，边做倒数7的任务一样。

停止与你的想法和感受做斗争

稍前，我们讨论了家长分享的他们在困难处境中，或者在与孩子互动的过程中的想法和感受。大多数家长都在与这些念头做斗争。你可能会尝试忽略这些想法，通过逻辑辩论来改变它们，或者分散自己的注意力。如果这些策略不能快速起效，你可能还会尝试其他的甚至是效果更差的办法。然而，你几乎肯定会继续持有你的那些想法和感受。所有这些策略都有一个共同点：它们都不愿意认可和接受你自己的体验，也就是说，它们是经验性回避的一种形式。我们将在后面的章节中进一步介绍这个概念，并向你展示试图控制你的想法和感受将会如何干扰有效养育。

你是否曾经担心着什么，并持续与这种担心纠缠，很难把它从你的大脑中赶走？也许它让你白天不能专注于所做的事情，晚上不能顺利入睡。也许它开始蚕食你的心灵空间，在你的想法中占据的比例越来越大。因此，你可能感到越来越累，愈加无望或更加紧张。

这种体验就像在流沙中挣扎一样。当然，你想摆脱你的担心，

---

① 译者注：这是一种在心理学实验中常用的小游戏，要求被试每隔7个数进行数数，“倒数7”就是从100开始往下倒着数数，即100，93，86，……。“正数7”就是从0开始每隔7个数向上数数，即0，7，14，……。

可是努力把它们推开只会让你越陷越深，越来越难以逃脱。但还有另一个选择。这可能看起来有些牵强，它甚至可能看起来跟你应该做的相反。然而有时，就像你被困在流沙中那样，最好的办法是停止挣扎，保持静止。如果你变得静止，你会停止下沉。这时，你可能会注意到各种之前从未留意过的离开流沙的方法。有时停止挣扎是最有效的方法。

但是，你可能会问，“这与我的想法和感受有什么关系？”嗯，想想你关于养育、关于你的孩子或者关于自己的所有想法和感受。被它们包围就像陷入了流沙，你越是挣扎，你就可能越沮丧，或者越无法把注意力放在你与孩子当下的互动上。这些想法和感受也可能变得越来越强烈或频繁，直到它们成为你的生活和亲子关系的一部分。看看这是否符合你的经验：当你与孩子的互动陷入僵局时，这些消极的想法是否变得更加激烈或更为持久？

在本书中，我们将向你展示，试图控制你的想法和感受——或孩子的想法和感受——是一个似乎有道理却徒劳的做法。通过学习纯粹而慈悲地注意和接纳你的想法和感受，而不是与它们战斗，你将学会如何将你全然的正念觉知转向你与孩子的关系。试想一下，如果你将注意力转向孩子，真正地看见他、欣赏他，即使在他最糟糕的时刻同样如此，这会怎样？如果你学会温柔地对待作为家长的自己，并明白我们所有人，无论是否身为父母，都同样会沉浸在与自己的想法和感受的纠结中，这又将会怎样？

接纳、选择和采取行动

ACT 可以帮助你注意到你的想法和感受，而不是受它们的控制。它帮助你根据你的价值与你的孩子联结，而不是按照你的大脑的建议进行自动化反应。（我们将在第 3 章谈谈你作为父母持有的价值观。）通过 A、C、T 这 3 个字母就能轻松地记住基于 ACT 养育的重要组成部分：接纳（Accept，A）、选择（Choose，C）、采取行动（Take Action，T）。我们将在下面的章节中更详细地向你展示如何做到这些。现在，先介绍一下基本概念。

接纳

基于 ACT 的养育之道将教你的第一点也是最重要的一点是，如何慈悲地接纳你的想法、感受和体验。我们将讨论当你努力满足孩子的要求以及作为养育者的自我要求时，你的情绪、想法、信念、消极的自我评价以及作为养育者进行的社会比较是如何出现的。觉察并接纳这种体验，而不是试图控制它们，将开启你与孩子之间更为丰富、更有觉知的互动之旅。

选择

在本章开头，我们谈到了梦想——关于你的孩子、你的家人还有作为家长的你自己。ACT 的“选择”这一部分将帮助你识别和明白你作为家长以及关乎你和孩子关系的那些真正最重要的事。它将帮助你“活出”你的家庭关系和养育价值。作为“选择”你想要成为什么类型的家长的一部分，请花一些时间进行下面的练习。请一定在你的养育笔记中写下你的想法。

练习一下

你想成为哪种类型的家长？

请闭上眼睛，进行几次深呼吸。思考以下问题：

- 你想成为哪种类型的家长？

- 什么样的世界可能让你改善或加深你与孩子之间的关系，从而促进他的成长、实现他的目标？

ACT 中“选择”这个模块，是帮助你为了实现你最在意的事情而努力，而不是为了避开你最害怕的事情而努力。

采取行动

ACT 的最后一个模块是采取行动，鼓励你做出承诺，坚定地践行你最为珍视的价值，即使这需要面临巨大的困难和压力。你将学会以最符合你价值方向的方式去行动。你还将了解到，作为一个人，你不仅仅是你的想法的总和。你将探索那些阻碍你在与孩子的关系中实现自己的价值的障碍。更具体的是，你将学会有效的行为管理策略。这一模块是关乎你对自己作为家长最重视的事情说“是”，毫不含糊地说“是”就是“是”。

大脑回归

刚才，当你读到关于接纳、选择和采取行动时，你的大脑在做什么？也许它说：说得多么简单！但问题是我根本做不到接纳、选择、采取行动。也许你现在在想：当然，呃，我尝试了，但这没用。这里有个问题，你现在可以问问自己：如果有这样一个世界，即使是在你的孩子面临最大的挑战、大受打击、极度抓狂时，即使在你处于希望马上逃离的情境中时，你也可以充分地珍惜和欣赏你的孩子，与他建立良好的关系。那么，你想要这样的世界吗？花一点时间想想这个可能性。

记住，有些事情你可以控制，有些事情则不能。你的头脑将依旧是你身边最糟糕的批评家——有时候安静，而有时候喧闹得让你觉得完全无法忍受。然而，正如我们建议的，你不能控制你的头脑对你说什么。你的头脑就是这样的。人们容易卷入与想法的斗争中去，而正如你看到的，参与这场斗争是有代价的。而你可以做的，是选择怎样与你的孩子相处和怎样对待他。

这本书不会教你作为一名家长，可以如何让自己感受更好。作为人类，人人都有这样的大脑，它们嘲弄我们自己、告诉我们还不够好、告诉我们如果别人发现我们其实是那么的无能就会远离我们。大脑是将我们所有人联结起来的黏合剂，也是一个伟大的平衡者：我们都有像这样工作的头脑，无论我们是临床心理学家、养育专家还是挣扎中的父母，又抑或三者都是。一旦我们明晰地了解这个概念，我们就可以开始真诚、有效地努力去实现对我们的孩子和家庭来说最宝贵、最有价值的目标。这本书将教你的是，正如我们一位最亲爱的导师经常说的："痛苦时刻中蕴藏着的生机和丰盈，与愉悦时刻中一样多。"我们希望这本书能教你全然地感知，更加敏锐而慈悲地接纳你的感受，以及能够帮助你更有效地养育的技能。

总结

本章中，我们概述了 ACT 如何与那些经过验证的育儿技术一起使用，尤其当处于儿童早期的孩子具有挑战性的行为时。我们讨论了基于 ACT 的养育之道，即你的想法和感受是你如何感知和回应孩子的核心。

在后续的章节中，我们将向你展示如何驾驭你的想法和感受——而不是与它们斗争，从而敏锐而慈悲地养育你年幼的孩子。在下一章中，你将看到在幼儿养育过程中常常遇到的挑战。这些挑战是你的大脑特别容易陷入的，对孩子的行为以及你的养育行为进行评判的雷区。通过帮助你全然地觉知这些挑战，觉知你的大脑对这些挑战的反应，你将能更为有效地使用后面章节中讲授的正念技能来为你珍视的价值服务。

第 2 章

早期的养育挑战

常见的困境与策略

在你决定要孩子之前，请找一对正在做父母的夫妻，指责他们的管教方法、缺乏耐心、忍耐水平低、纵容孩子胡闹等。在如何改善孩子的睡觉习惯、如厕训练、进餐礼仪等孩子所有的言行举止方面给出建议。请尽情地享受这个过程，因为这将是你最后一次知道所谓的答案。

——考林·鲍斯《编织袋和章鱼育儿指南》(*The String Bag & Octopus Guide to Parenting*)

你可曾担心过你的孩子是否发育正常？他是否认识所有他该认识的字母？他会写自己的名字吗？他将来聪明吗？他现在的行为问题严重吗，还是会自然消失？孩子在以不同的速度发展，而究竟怎样才算“正常”发展，也是各有各的观点。然而，对于有些家长来说，他们关于孩子是否已经达到这个或那个发展指标的担忧可能会引发他们的紧张，从而可能导致他们过度推动孩子发展，甚至超出了孩子的能力范围。为孩子提供丰富的环境，具有刺激性或挑战性的活动确实极其重要，但要是把童年变成一场谁家小孩将率先跑到终点的比赛，就是另外一回事了。

孩子的成长并不总是一帆风顺的。你可能对孩子如何发展和你将一路怎样回应与养育孩子怀有种种期待。但是，幼儿成长的某些关键期可能会给作为家长的你带来特殊的挑战。换句话说，这些成长“关键期”为作为家长的你提供了成长的机会。它们也许会成为让你失去平衡的绊脚石。你如何看待这些关键期——你对它们的想法和你赋予它们的意义——会强烈影响你对如何养育的选择。在ACT 理论下，你的想法和感受对你养育选择的心理影响也是“语境”的一种功能。简单地说，所谓“语境”，是对作为家长的你、你的家庭和你的处于当前成长阶段的孩子来说，在某个特定的时间里正在发生着的事情。

在这一章，我们将探讨儿童早期出现的养育关键期的三个不同方面。第一，我们将讨论 2~8 岁儿童中常见的发育里程碑和具有挑战性的行为，我们还将着眼于家长和孩子通常是怎样经历这个阶段的。第二，我们将讨论，当你担心孩子在那些关键期释放出问题行为的信号时，会发生什么。如果你想为孩子的行为问题寻找专业帮助，我们将为你提供评估和治疗的资源。第三，为了帮你决定对你和孩子来说哪些资源是最有帮助的，我们将讨论这些资源的利弊。针对这些问题，我们需要强调，ACT 提供的有用工具，是为了在你的养育历程中经历这些常见的成长挑战时，帮助你应对你的个人关键期。

让我们从讲述一个典型的儿童早期问题情境开始吧，看看这是如何搞砸的。

育儿小故事

睡前故事

艾丽霞，一个一年级学生，正在学习阅读，而且阅读已经成为她睡前的例行行为了。睡觉前是她和她爸爸汤姆的共读时光。尽管她发现阅读很困难，而且她不是班里最优秀的，艾丽霞还是很努力地去学，尤其是那些睡前故事。昨晚她爸爸给她拿着书，艾丽霞费力地读："那些……熊……在一……一起……散……散……S……散……""散步。"汤姆快速地说，有些讨厌自己声音中的生硬。"散步，"艾丽霞说，她的身体有些紧张，"沿……沿着……森……森……""森林。"汤姆快速接话。"要不我读给你听吧？"他说。艾丽霞僵在那里。停了一会儿，她悄悄合上书，说："没关系，爸爸。我可以明天再读。"汤姆看到她蜷缩起身体，背向自己。"我是个笨蛋，"他想，"我又搞砸了。"

引导你的孩子迎接成长的挑战

所有家长都会有这样的时刻：感觉自己做的并不是对孩子最有益的。毋庸置疑，你肯定也有这样的时刻。在儿童早期，这种时刻可能尤为频繁。儿童早期是孩子发生多种变化和快速成长的时期，也是考验所有家长（不只是你）的时期。当你的孩子掌握了当前这步发展需要掌握的技能时，他就会进入新的阶段。在学龄前，孩子开始尝试新行为，要求更多的独立自主。他学会像"不！"和"为什么？"这样的词，并且恣意使用。随着他寻找朋友和与他人建立友谊的技巧越来越熟练，以及掌握了新的学业技能，他就将进入小学阶段。在这个新阶段的最开始，有些孩子会犹豫不决，黏在家长身边。而另一些孩子则轻易地就冲进了他们的社交新世界——他们是那样独立，以至于你也许会感到完全被抛弃了，甚至希望他们能回到小时候。

最重要的是，你的孩子也许正在经历一些通常在儿童早期的发展历程中常见的行为挑战。这可能包括：发脾气、攻击、抗拒、学习交友问题和破坏性行为。或许你的孩子正在分离焦虑或睡前恐惧中挣扎，或者他需要额外的安慰。问题在于：大多数孩子通常偶尔才出现这些问题行为，在这个或那个时间点上。这些挣扎会来了又去。你可能会用有益的方法来处理这些问题，也可能会无意中把事情搞得更糟。当然，你的头脑很可能对你的孩子正在经历什么、你是怎样处理的和处理得怎么样而喋喋不休。如所有家长一样，你也许会担心：这些行为对孩子来说意味着什么，或者你的养育方法究竟是帮了孩子还是把事情变得更糟。

现在，请花点时间尝试下面这个练习。它将帮你想起一些在你养育过程中的关键时刻：那些因为你的孩子的行为呈现出他可能正在面临发展问题，你对如何应对这样的挑战反复纠结的时刻。将你的回答记录在养育笔记中。

练习一下

当你到达极限

至少偶尔有那么一次，所有家长都会觉得与孩子互动有困难，那时家长觉得就像是达到了极限。回忆一两次作为家长的你在和孩子相处时受到挑战的经历，或者让你甚至都不确定自己该怎么做或该用什么养育方式的经历。例如，也许你让儿子做某事但是他拒绝了，或者你试图让女儿睡觉，但是她不断哼唧和拖延。现在，把这些时刻尽可能详细地记录下来。在本章的稍后部分，我们会回顾你描述的情境。

随着儿童早期的不断变化，作为家长，你不可能在养育和指导孩子上一成不变。简言之，养育改变着你。如果一切顺利，你也会随着孩子的发展而不断改变养育策略。每一个发展转变阶段都为你和孩子提供了成长的机会或者冲突的可能。例如，当孩子蹒跚学步时，你家也许会装“学步儿童保护装置”，以保护他接触不到会伤害到他的东西，或者是防止他接触到易被打碎的物品。你也许还会使用分心策略，将孩子的注意力从不适合他玩的东西上转移开。然而，当你的孩子来到学龄前这个阶段，他会变得更有好奇心、更好动和更坚持。他很可能已经学会了防止注意力被转移，那你的分心策略可能不再奏效。那么，现在你该怎么做呢？类似于这样的情况在挑战着你，你得学习新的育儿方法，以及放弃以前用起来又顺手又熟练但是不再有效的养育策略。这会是一个愉快的过程，充满了奇妙和敬畏。但这也会充满困难和压力，因为你会从好像自己无所不知的状态，到好像自己又再次成为什么都不知道的新手状态。

给自己充足的空间去学习和犯错是非常重要的。学习如何应对孩子的成长转变是一个不断试错的过程。正如孩子的成长呈现出时断时续的状态一样，你的新养育技能的发展也是一样的。有时候，你会卡在一些对你和孩子没有帮助的方法上。有时候，尽管你知道自己卡住了，但是不知道如何走出来。有时你甚至觉得这些根本不可能被搞定。

在这样的时刻，你自然会感到脆弱和没有把握。在这个发展阶段，养育的压力是很常见的，考虑到孩子成长过程中那不计其数的要求，你可能时不时就会感到难以应对。随着孩子度过了可被预测的发育阶段并且逐渐显示出自主性，设定好的家庭常规常常被打乱，这会非常挑战你对自己能力和技能的信心。尽管当时你可能并不那么认为，但这种被打乱通常是家长和孩子健康成长的迹象。这些关键期是孩子成长的标志，同时也是你作为家长，正在关注和尽力寻找如何更好帮助他成长的标志。

基于ACT模型，我们相信，如果你采用接纳的方式对待育儿关键期，你会发现自己更容易欣赏和学习，并在这些机会中成长。然而，如果你以不安或抵抗来应对类似这样的时刻，你就不太可能处理好它们。这只会埋下隐患，让事情越变越糟。你的养育策略可能更多地变成如何避免冲突或回避孩子的负面情绪，而更少地思考如何帮助孩子成长和发挥最大潜力。你可能会开始看到孩子更多的行为问题，以及与他的关系开始紧张。简而言之，你和孩子之间感受到的喜悦越来越少。为了预防这种情况，我们会告诉你如何将这些挑战变为与孩子联结的机会。现在就让我们从观察这些发生在儿童早期的不同关键期中的常见挑战性行为开始吧。

发展关键期：2～4岁

在儿童的2~4岁，他们会发生巨大的变化。在这个阶段，孩子的自主性开始发展，并开始学着表达自己，同时也开始了解他的行为后果。这是一个养育效果显著的年龄段，但也可能会导致极大的挫败感。下面，让我们仔细看看这个阶段中常见的发展关键点。

说出、想到、拥有强烈观点

在2岁左右，孩子的语言能力会快速发展。在这个时候，他开始想到，并要求拥有各种东西，即使那些东西是不可能存在或者得不到的。简言之，语言和思维能力的出现令你这个二三岁的孩子想要完全由着自己做事。他对自主权的热情往往与他实际做到或者得到这些东西的能力不匹配。这常常会让他感到沮丧，爱发脾气，这个时期常常被称作“可怕的 2 岁”（即第一反抗期）。这些表现，实际上是孩子发育良好的标志，也是他出现独立意识的信号。

在这段时间里，孩子以不同的速度掌握了表达自我的能力。有些孩子会说几个词的短句，甚至只会蹦词。另一些孩子却已经能滔滔不绝。孩子能否很好地表达自己，以及他们是否感觉被父母理解，是影响他们行为的一个重要因素。例如，当你的孩子想要某个玩具，想玩某个游戏，或者想让你用特定的方式准备点心，但解释不清，这就会给他带来巨大的沮丧感。而你，也会经常感到失落，因为有时你很难理解，为什么你已经竭尽全力去揣摩孩子在表达要求时每种可能的细微差别，但你的“小暴君”仍然很气恼。正如拉尔夫・沃尔多・爱默生（Ralph Waldo Emerson）说的“孩子都是外国人”。对你而言，几乎像是去了一个你不懂当地语言的外国旅游一样。通常的情况是我们在社会中被教授了这样的观念——好家长是能够理解和回应孩子的需求的家长。但是，如果事与愿违怎么办？如果你连孩子的需求都不知道，还怎么保持养育的敏锐性呢？思考一下下面的故事吧。

育儿小故事

一切就绪的早晨

萨拉正在帮助她三岁的儿子山姆为新的一天做准备。她上班快迟到了，但是山姆还睡意朦胧，不愿起床。他哭哭啼啼地不愿从床上下来，而萨拉一边试图哄他去穿上幼儿园的衣服，一边看着时间一分一秒地过去。随着时间的流逝，她的身体变得越来越紧张，她的胸口也在收紧。

“不，妈咪，不要那件衬衫！”他撅起下嘴唇，在胸前抱着双臂。“这件怎样？”“不！”“这件？”“不！”萨拉开始变得很沮丧，但仍努力保持冷静。她大脑里浮现出很多出门前和到公司后必须要做的事情。如果她再次迟到，她的老板会怎么想？她开始从山姆的抽屉里随便拿出衣服，并一件一件给他看。“这件？”“不要！”山姆放声哭嚎。萨拉还要喂他吃早餐，打包午餐，以及做好多其他的事情。“听着，先生！你就穿这件，不管你喜欢不喜欢。”“我不！”山姆嚎啕着，攥紧拳头，痛苦地冲出房间。萨拉感到好像一股电流通过她的全身，现在山姆不可能平静下来。她也必定会迟到了。她已经被警告过了——她的老板将会说什么？她的胸口发痛；她对山姆如此着急和生气。她也生自己的气。一个想法滑过她的脑海：一位好妈妈应当处理得更为妥善。

山姆心里清楚他想要穿什么衣服，但是他还不会跟妈妈沟通。结果就是，萨拉试过不同的衣服，但要是没有任何一件被接受，那她会更有挫败感。她的挫败感，反过来，又阻碍她想到更好的办法来管理山姆的行为。这种互动逐步恶化，山姆和他的母亲都感到更加难受。在这种情况下，萨拉本可以尝试不同的做法。尤其是，她本可以共情性地为山姆的拒绝设置一个界限。她可以试着向山姆展示两件可选的衬衫，然后让他选一件。对山姆当前的发展阶段来说，限制选择的数量是更适合的——对处于这个年龄段，还又累又烦的孩子来说，太多的选择会让他崩溃。如果山姆拒绝选择，她可以镇定地说，“我将数到三。如果你不选一件，我就会替你选。”然后她可以按照她提议的行动步骤进行。

设置界限

在 2~4 岁时，孩子们非常兴奋地发现了一个字：“不。”突然之间他们意识到自己有能力选择是否遵从像“让我们收拾下你的玩具”之类的提议。多好的说法啊！这是多么让人惊奇的自由啊！很多孩子非常享受地维护他们新发展起来的独立感。他们开始成为自己：他们从完全依赖家长的状态，变成试图成为自己命运的主人的小家伙。接下来就会出现固执己见、反抗指令和争辩不休。对家长来说，这可能是非常令人沮丧的时刻。这也是使孩子开始理解他们的行为产生的后果的关键时刻。作为家长，你是通过你的行动去帮助孩子发展出这种理解力的重要他人。例如，如果你给你的孩子一个指令，确定他会遵从，并知道不能忽视或反抗你的指令，这是非常重要的。在后面的章节中，我们将会教你怎样为好的和不好的行为设定后果。而现在，更重要的是知道在某些情况下你的跟进非常关键，如：如厕训练、吃东西和用餐行为、睡觉和入托或入园。

如厕时间

如厕训练通常是在 2~4 岁之间进行。你要做很多决定，比如什么时候开始如厕训练以及怎样把这件事融入你忙碌的生活中。如果你必须依赖于家庭之外的托儿服务，时间可能会更紧迫，因为有的日托中心可能不会接受没经过如厕训练的孩子。因此完成这个目标经常会有外在的压力。关于如厕训练有各种说法，如：男孩比女孩更难进行如厕训练；孩子应该在 2 岁前接受训练；家长不应该给孩子用纸尿裤；家长只应在晚上给孩子用纸尿裤；如厕训练可以在一天内完成；如厕训练需要好几周。面对这些相互矛盾的建议，仔细评估孰真孰假，可能会让你感到困惑。而面对那些已经训练好自己孩子，或者正在尝试但尚未成功的好心朋友的建议，坚持你自己的方法也可能很困难。

吃东西和用餐行为

2~4 岁的孩子通常很挑食，从幼儿期到学龄前期，他们也在学习（或没学）更为独立、更加适当的进餐行为。许多家长告诉我们他们必须追着孩子喂饭。其他人则说，他们必须反复告诉孩子不要用手指吃意大利面条，以及千万不要在衣服上来回擦手。而另一些家长表示担心他们的孩子营养不良或热量不够。一些孩子只吃“米色饮食”，即面食、谷物和烤白面包。另一些孩子则是小小冒险家，在家长洋洋自得的照看下，会吃法国布里乳酪、卡拉马塔黑橄榄和鹰嘴豆沙。不论你和你的孩子是什么样的，这都是一些艰难时刻——尤其当孩子在餐厅里到处乱跑、吃饭到处洒或者乱涂意大利面酱时。在这个阶段，孩子们获取足够的营养很重要，而你不得不和孩子在用餐中开战时，这也会非常令你忧虑。一些研究甚至表明，家庭用餐时的行为（至少其中的一部分行为），能反映出家庭作为一个系统其功能的好坏。然而在这个年龄段，家长的影响如此关键的时期，用餐可能是一项极大的挑战。

睡觉

与充足的营养一样，睡眠对儿童的认知发育同样至关重要。然而，睡前时间是另一个可能会引发冲突的常见问题。随着孩子很快变得更加自主，这个年龄段的许多儿童会抗拒睡觉。有时，问题是在睡前与家长很难分离，这可能导致入睡时间延长，最终双方都感到筋疲力尽。而对其他某些家庭来说，问题则是在半夜来访，孩子拒绝在自己床上睡觉，一次又一次地闹腾，直到爬上家长的床。有一些家长认为，教育孩子独立自主是最重要的，这对实行一家人睡在一张床上的家庭（这在美国比在其他国家和文化中更少见）来说，这样的想法简直不可思议。然而科学研究让这样一个事实越来越明确：尤其是在这个年龄段，孩子需要良好的睡眠，这意味着需要保持良好的睡前习惯，拥有充足的睡眠质量和时间。如果孩子睡眠不足，白天就会无精打采。当孩子休息不好时，儿童早期常见的问题行为——如发脾气，固执己见和抱怨也可能会加剧。当然，家长在疲劳时也会不在状态。

入托或入园

如果孩子要去日托中心或幼儿园，一些孩子会抗拒与家长分离。不顾孩子那诸如“求求你了，我可以和你一起走吗？”之类的祈求，或者类似“但是，妈妈，我讨厌这里！”或“我害怕！”之类的担忧，把一个在抽噎的、眼泪汪汪的孩子留在日托中心或幼儿园，对所有家长来说都是一项艰巨的任务。即使老师保证他只会哭几分钟，你仍然可能会觉得是你抛弃了孩子。不留下来帮助孩子融入课堂活动似乎是不正确的做法。因此，你逗留下来，但很快，哭声继续或加剧了。这可能是一个难以协调的情况，但又确实是养育过程中非常常见的热点问题。

发展关键期：5～8岁

如果说2~4岁的孩子学会的是说“不”，那么5~8岁的孩子熟练使用的就是“但是”这个词。这个年龄的孩子不仅仅拒绝你让他做的事，他还会告诉你为什么他不做。新学会的短语“但我只是……”或“但我没有……”引发了层出不穷的亲子冲突或争论。如果随着时间的推移，当你以严厉、愤怒的方式提出要求时你的孩子遵循了，那你很可能就会以为应该继续用这种不合适的方式发出指令。当然也可能你不是转向大吼大叫，而是向孩子的拒绝妥协。这两种方式都可能导致孩子继续抵制服从指令。

简言之，孩子使用更复杂的推理和语言技能的新模式可能会把你绕晕，而当你被绕进去后，你的行为则几乎不会有任何帮助，因为大吼大叫的模式只会让冲突升级——你们两个都不会听对方的。一旦这样，你会发现你很难暂停下来等到一个合适的“施教时刻”，一个以让他感到被听到、被理解的方式倾心交谈的时刻。

入学

在这个年龄，孩子开始过渡到幼儿园和一年级。分离困难这个问题常常会再次出现。即使孩子在学前班或日托中心能够适应良好，这些分离问题还可能再次出现。你也许会担心孩子“退行”了。不同儿童可能在抗拒上学或者抗拒与家长分开上有不同的表现方式。有些可能是默默承受，有些可能是生气或闷闷不乐。不仅如此，儿童在不同时点应对困难的能力程度也有所不同。有时他们更具韧性，有时则更为脆弱。

你可能会担心孩子抗拒上学意味着什么：“他正常吗？她会变得憎恶学校吗？如果其他孩子取笑他怎么办？如果老师不支持她怎么办？”这样的担心也许会导致你开始用各种策略去“帮助”孩子。比如你可能在教室里来回逗留，或者也许你会试图帮孩子减少或忽视她在学校受到的嘲笑。而有时你可能试图完全回避这些情况，尤其是如果你不习惯与老师或校长谈话的话。不幸的是，这些策略常常事与愿违。不管怎样，在你帮助孩子过渡到上学阶段的过程中，搞清楚应该如何应对自己的担心和期待确实不是件容易的事情。

学习阅读

这个时期会开始一项关键发展任务：学习阅读，说大一点，就是更加独立地学习的技能。儿童的学习动机、学习速度和学习兴趣都有着很大的差异性。一些儿童尽管受挫仍然坚持，但是另外一些就会放弃，还有一些孩子根本不费吹灰之力。对关注孩子学习成绩的家长来说，这是一段非常紧张的时间。由于儿童早期的学习经历是最基础的，为未来成就奠定基石，你可以采取多种不同方法来帮助孩子夯实基础。一些方法可能有用，一些则不然。对一个孩子奏效的方法未必对另一个孩子奏效，即使其他家长和老师给了很多关于帮助孩子的建议，但究竟哪个更能激励这个孩子却难以辨别。

常见行为问题：你应该什么时候寻求帮助

尽管我们上面描述的发展关键期和转变会发生在所有孩子的身上，但是某些发生在儿童早期的问题行为需要被特别关注，在特定情况下可能需要专业人士的帮助。这里，我们将要讨论两组问题行为：见诸行动的行为（Acting-out behaviors，“外化行为”）和难以应对伤心、担心和恐惧（“内化行为”）。研究显示，对早期的行为问题来说，从长期效果来看，家长如何回应是关键；那些学会了如何与孩子积极互动的家长，即能一致地应用规则、结构化地发布指令和使用行为后果的家长，他们孩子的行为容易得到改善。但一些数据显示，如果家长自己的生活中有很多压力或者他们本身深受情绪困扰，那他们很难坚持这种积极养育的方法。

见诸行动的行为

见诸行动的行为，或者说外化行为问题，指的是包括对养育者和同伴的攻击性行为、难以遵守指令（也称为“不顺从”）、好争论以及易冲动在内的一系列行为。绝大多数儿童都会时不时地出现这些行为，但这些行为来得快，去得也快。但如果孩子经常性地、长期地表现出这类行为，那就是问题了。一些研究已经证明，如果不对严重的冲动行为加以矫正，那么这类行为就会在学校、家庭以及同伴关系中导致严重的后果。下面我们会对冲动行为进行更详细地描述。

攻击性行为包括对同伴进行打、踢、吐口水、咬、推或者抢玩具等身体攻击行为，也包括言语攻击行为，例如对着同伴或家长咒骂、讽刺或者大喊大叫。儿童会在抢夺玩具、被忽视或者拒绝大人要求做的事时，变得具有攻击性。一些孩子可能会在他们长大一些后通过欺负他人来得到自己想要的。导致攻击性的因素很多，包括看到其他儿童或成人是这样做的，觉得自己被欺负了，或者缺乏解决问题或协商冲突的技能。不幸的是，攻击性行为有时能帮助孩子得到他们想要的，而这会让他们倾向于在未来继续做出攻击性行为。

不服从，或者不遵守指令，大多发生在家长或者其他养育者给予了过多要求，和/或在不恰当的时机发出指令时。例如，如果你在孩子情绪不好时要求他整理房间，他会因为心烦而不能遵守。有时候儿童不愿意做他们被告知的事情，是因为家长提要求的方式不适合儿童当前的发展阶段。我们在与其他成年人互动时，会把多个指令同时给出，想一想你在高档咖啡店点咖啡这一简单行为。当我们给儿童发出指令时，也可能一次性给出涉及多个步骤的要求，而没有考虑到儿童还在发展过程中的记忆能力和推理能力。此外，有时儿童遵循了指令，家长却因为种种原因而忘记赞扬他们，没有受到赞扬的行为往往会随着时间的推移而减少。

孩子在幼儿园和小学低年级阶段，好争论和不服从的行为往往会联袂出现。当你为孩子设置规则时，他会与你争论。某些孩子的这类行为尤为突出，导致与家长的互动变得非常消极。作为家长，你可能会因此放宽规则，但这反过来又会助长孩子的争论和抱怨。

冲动是指不加思考，直接行动。当冲动变得严重时，它会以不同方式表现出来，例如会做容易受伤的事情、打断他人或扰乱课堂。冲动的孩子不太会遵循指令，也通常会忽略与其他同龄孩子互动时的社交线索。他们也可能出现执行功能不强的问题，这意味着他们难以注意、处理和恰当地回应外在给予的信息和指导。因此，本质上讲，冲动与注意力缺失、好争论也有关系。

大多数出现这些行为问题的孩子只需要父母的一点帮助就能摆脱这些行为。可是，对某些孩子而言，想要脱离这样的行为模式并不容易。对于那些行为问题更为严重，并因此受到伤害的儿童，他们的问题行为可能会持续下去，甚至随着时间的推移而恶化。当发生这种情况时，孩子常常表现出抗挫折能力下降，以及情绪化和易激惹。如果这些行为干扰到家庭、同伴关系或学校生活，或者带来了极大痛苦，那么就应该积极寻求帮助。对于多数家庭而言，早期治疗是非常有效的。请回答下面的问题，可以帮助你决定是否需要专家的帮助来处理孩子的外化行为问题：

- 你的孩子什么时候开始出现外化行为问题？
- 随着时间推移，他的行为变得更好还是更坏了？
- 他的行为伤害到或影响到他与兄弟姐妹、幼儿园同学或者其他同伴的关系了吗？影响到学习了吗？
- 当你想到孩子的那些外化行为问题时，你是否觉得自己不堪重负，以至于你想不起来或难以坚持使用积极养育的方式？

严重的问题行为，是指那些损害了社会关系、学习、与家庭和谐相处的行为，这类是最需要担心的。那些小时候攻击性行为比较频繁或严重的孩子，在他们长大之后更容易持续表现出行为和情绪问题。对于那些有社交技能问题，不能交到或维持至少一个朋友的孩子来说，更是如此。当这些问题持续下来，成为常态，并造成严重的破坏和痛苦时，它们可能会带来持续的、更大的困难。这种严重的外化行为并不是本书的讨论内容。如果你担忧你的孩子的情况，我们建议你去寻找专业帮助。（参见下面“获得专业帮助的过程”这一节。）

担心和恐惧

内化行为问题，或者说不太容易被看到的行为，是儿童在“内心”挣扎的情绪问题，甚至可能没人知道。内化行为问题包括情绪问题，例如抑郁，以及担心和恐惧，或者说焦虑。在本书中，尽管我们会简要地谈及低幼儿童的抑郁，但我们将主要关注的是后者。这些发生在儿童身上，达到了问题级别或“有临床意义”的行为是直到最近才真正被认识到的。造成认识不足的一部分原因是儿童研究的缺乏，另一部分原因是这类问题难以被识别，因为基于它们的性质，对外部观察者来说，就是没那么明显。

抑郁是包括悲伤心境、易激惹、注意力不集中、社会退缩、难以从事件中体验到快乐、无助感、无价值感并有时有自残的想法等在内的一系列问题的心理症状。关注儿童抑郁症的研究不多，尽管最近越来越多的科学家开始密切关注这一点。琼·露比（Joan Luby）和她的同事最新的系列研究发现，那些符合抑郁的临床诊断标准的学龄前儿童，他们的症状往往在相当长的时间里表现得相当稳定，也往往有家庭成员曾罹患抑郁症。他们还表现出社交障碍和消极情绪情感。有时在抑郁症中挣扎的孩子也会报告身体问题，尽管这些问题不太频繁，当然也不足以做出诊断。

孩子是否正经历抑郁，这是很难被确诊的。孩子是抑郁，还是这只是儿童发展过程中的正常现象，只是情绪起伏有点大了？同样地，这个年龄段的孩子很难描述他们的感受，这就很难识别他们是否正在经历严重的情绪困扰。如果你的孩子在几周或者几个月内持续经历负面情绪，尤其是易激惹、社交困难，以及对玩耍和上学等活动都没兴趣，那你可能就需要考虑寻求具有专业知识的儿童临床心理学家的意见。

焦虑是指感到恐惧，伴有担心的想法，以及例如肌肉紧张或者胃部不适之类的生理症状。感到焦虑通常是正常的，只有当程度非常强烈并且影响日常功能时才会成为问题。总是恐惧和担心的儿童倾向于采取回避行为，这只是说他们在回避令自己不舒服或者害怕的情形。一段时间之后，此类的情境多了，这种回避会严重地限制儿童参与有意义的活动的能力，也会导致学业困难和生活质量降低。

最近出现了大量关于幼儿焦虑的研究。说到焦虑症，必须强调的是需要理解儿童气质（或者说他们的个性）和需要临床干预的焦虑水平之间的差异。有些孩子天生就是害羞和拘谨的，对家长来说知道这是不同儿童的个体差异非常重要。例如，相对于其他儿童而言，有些孩子是非常不愿意尝试新鲜事物的，而有些孩子和同伴及老师的互动非常慢热，这些都是正常的。

然而，也有研究建议，如果孩子的担心和恐惧已经影响到他们参与班级社交活动的能力，那他们在长大过程中就会有发展为长程焦虑问题的风险。因此，如果你担心孩子过于害羞，你就应该寻求专家的建议。在决定你是否需要为孩子的担心和恐惧寻找专业帮助前，考虑以下的问题：

- 孩子的担心和恐惧是什么时候开始的？
- 随着时间的推移，他的行为是变好了还是变糟了？
- 他的担心和恐惧是否导致他回避对他来说重要的人物或情境，例如日托中心或学校里的朋友？他的焦虑是否干扰了学习，或者是否影响了在学校交朋友和维持友谊？
- 当你想到孩子的担心和恐惧时，你是否觉得自己不堪重负，以至于你想不起来或难以坚持使用积极养育的方式？

与外化行为问题一样，很多这个年龄段的孩子都至少偶尔会表现出悲伤、忧虑或者社会退缩。然而，只有当这些行为对孩子造成巨大痛苦或者对日常功能带来严重干扰时，才需要担心。

获得专业帮助的过程

如果你担心孩子的行为需要专业帮助，那要做的第一步是对你和孩子进行评估。评估会具体地呈现你和孩子当前的状态，并且提供如何改善的建议。通常，最好是从儿科医生开始，儿科医生能够排除任何导致孩子正在经历的情绪痛苦的生理问题。这些问题排除后，你可以去有儿童精神科的医院进行诊断，或者咨询所在地区合适的临床心理学家或精神健康服务提供者，他们通常都是从事幼儿行为问题的专家。也可以咨询孩子的学校或者幼儿园，它们可能有如何找到合适服务的信息。

转诊之后，你很可能会被要求去做一个全面的评估。这通常包括面谈，由你和老师（如果老师可以的话）完成的行为检核清单，有时还需要完成临床诊断用量表或在教室中开展的行为观察。寻求全面的评估是非常重要的，这会比快速筛查的信息更为准确，快速筛查通常只包括关于孩子日常行为的面谈。然而，确实有很多机构仅仅使用面谈，这会导致诊断不够准确。

一个令家长感到为难的障碍是，寻找到受过幼儿情绪和行为问题培训的执业者非常困难。有时候，找到受过“实证取向”或者研究训练的儿童心理治疗师更加困难。正因为如此，有些家长可能会找有过类似经历的朋友帮忙；也有很多家长求助于书籍、杂志、互联网来寻找相关知识。虽然这些来源可能提供安慰性的、快速和简单的解决方案，但你收到的建议往往可能并不是基于事实的，或者与经过临床实验和实证支持的治疗方法不一致。仔细鉴别你找到的资料和得到的建议。当然，在这本书里，我们也会提供育儿指导。如果你正因孩子日常的行为问题而纠结，那这本书可以作为你的一种资源；如果你的孩子正在接受心理治疗，它也可以成为一个额外的有用工具。

现有的治疗类型

如果对你的孩子的行为困难进行了仔细地评估，表明他确实需要专业治疗，请你尽可能多地了解可用的治疗选择。

见诸行动的行为的治疗

如果你的孩子存在外化行为问题，丰富的研究成果告诉我们，治疗的黄金标准是进行行为管理的养育培训。很多家长可能会想，孩子去做治疗，那就是治疗师对孩子进行工作。然而事实正好相反，治疗效果依赖于对你——家长的培训，请你成为孩子的治疗教练。治疗的重点在于帮助家庭转变对儿童无益的养育模式。固执己见且具有进攻性的儿童通常不乐意遵循指令，而且他们学会了用不友善的回应方式来阻止家长对他们发号施令。例如，具有这些困难的孩子经常在被要求遵循指令或者被限制行为的时候发牢骚或发脾气。研究显示，经历这些困难的儿童往往会想方设法让身边的家长不愉快，因为这样，家长也许就会因此撤回指令，或者家长会因为想要回避冲突而避免给予指令。

因此，在行为管理的养育培训中，你会学到如何与孩子建立积极的关系，如何鼓励恰当的行为，以及如何阻止不当的行为。这通常需要几周或几个月的时间才能见效。重要的是，要理解治疗中教授的技巧不是说先尝试，改变发生后就放弃。这些技巧必须反复学习并灵活应用在孩子的整个成长过程中。治疗如果不起作用，通常是因为没学好那些技巧，前后使用方法不一致，或者时间长了就放弃使用。

担心和恐惧的治疗

研究表明，对于遭受分离困扰或者焦虑的儿童，行为疗法和认知行为疗法是很有用的。和治疗外化行为问题类似，幼儿的家长通常被培训成为孩子的教练，来帮助鼓励幼儿面对他们的恐惧。例如，最近的研究显示，家长在支持儿童发展“基于勇气”的行为方面非常有帮助，这是一个由波士顿大学的唐娜·平卡斯（Donna Pincus）及其同事负责的项目。家长被教授如何支持他们的孩子发展出更有效的方法，来应对因为要去学校或者夏令营而产生的分离焦虑。类似的方法在帮助儿童处理其他焦虑行为时也有帮助。这些方法的核心成分是所谓的暴露，简言之，就是面对你的恐惧。这需要合作制定出儿童恐惧的不同等级情境。一旦治疗师、家长和孩子建立了恐惧情境的等级梯度，家庭成员就会被教授一些技巧，比如如何处理孩子的恐惧，鼓励孩子乐意接近而不是回避恐惧。然而，正如行为管理的养育培训一样，要记住，学到的技巧不是暂时的。相反，它们必须始终贯穿在儿童的发展过程中，为持续成长保驾护航，并支持治疗带来的改善。

这是我的错吗?

有时，为孩子寻求治疗以及学习技巧以帮助孩子的家长，会觉得孩子陷入心理困境都是他们的错。然而请记住，是孩子自己把他的性格、学习能力，以及是抵制还是愿意改变的意愿呈现出来的。因此，“害”你的孩子变成那样的，从来都不是你的错。但是，你确实有机会带来巨大影响，你可以帮助或者防止孩子学习不同的生存方式。孩子的幼儿时期可能是最关键的时期，即你可能产生最大影响的时期。不要用“过错”这个词来思考问题，用“可能”这个词更有帮助：你可以选择，让你有可能成为那个帮助孩子在漫长而曲折的成长过程中，拥有丰富、有意义、被滋养的经历的角色。

当你的孩子出现了行为问题，你会面对很多期待：自己的、孩子的、朋友的、家人的以及其他家长的。上面提到过的大多数治疗方案在应对这些期待时，其效果即使有，也很有限。简言之，尽管这些治疗方案是很有效的方案，但他们并不能良好应对养育过程中的各种体验。这至少部分解释了为什么这些治疗方案常常对那些除了孩子行为问题没有其他重要压力源的家庭最有效，但对那些因其他需求而时间有限、挣扎在自己的抑郁和焦虑中、深陷财务危机或有药物滥用问题的家长则作用不大。具有讽刺意味的是，挣扎在这些问题中的家长才是最需要帮助和支持的。

为什么 ACT 是一个好的治疗模型

正如我们之前提到的，家长的想法和感受对如何有效养育和指导孩子是至关重要的。应对多重压力源（如经济困难、焦虑、抑郁、压力）的家长，很可能把经验性回避当作应对策略。经验性回避，我们在第 1 章中有所提及，指的是倾向于回避、应付、忽略或者控制不想要的或痛苦的想法、感受和身体感觉。事实上，更多地依赖经验性回避这一应对策略的家长，更有可能把育儿视作一种压力，并报告说会使用更多惩罚性的和不一致的养育策略。虽然我们的研究还处于起步阶段，但它已经呈现出觉察你在养育过程中的体验和技巧的重要性。

作为一种治疗“模型”，ACT 帮助你注意你的想法和感受，但并不对它们过度反应。它是一种行为方法，这意味着它强调行动和后果，尤其是那些能帮助你趋近自己真正在乎的、对你和孩子有益的行动及后果。因为 ACT 能帮助你注意你的想法和感受，并帮助你追寻你的价值，所以它能指导你处理你的孩子那些典型的行为挑战，同时，结合其他的行为治疗，它还可以在应对其他更严重的问题上帮助到你。为了开始在育儿情景下注意你的想法和感受，请尝试以下练习。

练习一下

注意你的感受

想象一个艰难的亲子互动场景，可以是你在上一个练习中写的那个，也可以换一个。看看你能否为那些记忆中的体验敞开心扉，让自己作为一名观察者，退后一步，仿佛你正在观看一部正在放映的电影一样去回顾这个场景：

- 你在想什么？
- 你现在有什么情绪？
- 你的身体有什么感觉？

在你的养育笔记中记录下来。

在你脑海中的“电影”里找到你的感受困难吗？还是那些想法和感受很轻易地就浮现出来了呢？与你当时在那个与孩子在一起的场景中的感受相比，在回忆中再度去体会那些感受是怎样的一种感受呢？

在下面的章节中，你会学到如何在类似上面那个的情境中，与想法和感受拉开距离。在 ACT 中，与想法和感受拉开距离——这样它们就不会控制你的行动——叫作认知解离。在整本书中，我们会教你练习认知解离（以及其他 ACT 技巧），这样你就可以向着你和孩子最在意的人生方向前进。

总结

本章聚焦于在不同发展阶段中常见的养育挑战和关键发展议题，如果你建立了一套敏锐的、回应性的育儿技巧，那这些挑战和关键议题就是你成长（或跌跌撞撞地成长）的机会。我们分别讨论了儿童在2~4 岁及 5~8 岁的常见问题。本章的一个主要目的是帮助你看到所有的家庭都会经历养育的关键议题，尤其是在童年早期。最后，我们讨论了外化的和内化的行为问题，强调了很多孩子都会短暂经历这些问题。然而，如果这些行为问题造成了严重的困扰和伤害，就需要寻找专业帮助。ACT 可以作为一种独立的疗法，来应对经历普通行为问题的儿童，也可以帮助其他疗法提升效果。特别是，它可以帮助你与那些阻碍你有效育儿的痛苦想法和情绪情感进行认知解离。

第 3 章

养育价值

聚焦真正重要的目标

既来之，则安之。

——孔子

养育可能会让你感到不堪重负、压力重重，尤其当你陷入挣扎中时。你也许会变成所谓的“条件反射式家长”，在某些艰难时刻更是如此。当你的孩子哭闹或挑衅你时，你也许不假思索，简单直接地做出反应。如果你像许多家长一样，与孩子的斗争已经持续了一段时间，那么养育看起来就会像是一连串的膝跳反射。事情过后，你也许会后悔莫及，或者你的头脑会用自我侮辱式的想法责备你；你的头脑甚至会播放一个简短的课件教你一个“好”家长可能会做些什么；或者更糟糕地，给你一段关于那些看到你行为的其他家长会如何看待你的视频直播。并且，当你试图关闭头脑的运行（谁不会这么做呢？），你也许会发现这些想法或图像变得更加持久而清晰。你的紧张程度很可能会增加。当这种情况发生时，对作为养育者的你来说，很可能会感受到生活受限、阴郁消极，并且你也许会感到精疲力尽或绝望无助。请阅读下面这个例子。

育儿小故事

这都是你的错——走开！

凯莉是一位家庭主妇，她有一个名叫卡森的六岁儿子，和一个名叫贝拉的快两岁的女儿。最近她们全家都得了流感。每个人都感觉很糟糕，孩子们也脾气暴躁。凯莉整天都在照顾孩子以及管教孩子，为此感到力不从心。她自己也生病了，变得精疲力竭。她把一锅汤放在炉子上，希望吃点东西能让每个人感觉好点，然后她躺在沙发上不知不觉睡着了。

卡森曾经在厨房给妈妈帮过忙，听出了汤在溢出来。他没能叫醒妈妈，所以他自己去关火。他推了一把椅子到炉子旁，这样才能够着旋钮，然后他成功地关了火。然而，他并没有注意到贝拉已经蹒跚地来到他身后。她试图靠近炉灶并扭动旋钮，像她哥哥那样做。当她伸手去够时，失去平衡摔倒了。她并没有受伤，但确实摔倒在地板上，大声哭了起来。

贝拉的哭叫惊醒了妈妈，凯莉开始询问卡森发生了什么事情。卡森说："我没能叫醒你，而我听到汤溢出来了，需要关掉炉子，然后……"凯莉打断了他的话。凯莉面红耳赤，抓起他，并冲他骂道："你妹妹受伤了，都是你的错——走开，离开这里，马上！"

卡森哭了起来，并且几乎同时，凯莉感到了内疚。她开始这么想："他只是在试图帮忙""至少没人受伤——贝拉只是害怕而已”“我真可怕，他做得对，我还冲他吼叫”“如果我没睡着，这一切就都不会发生了。”然后她大脑里的声音更大了：“你真是个糟糕的母亲，你难道就不知道你不能睡着，不能没人看着孩子，永远不能——这是不可接受的！”凯莉不仅生自己的气，还担心她孩子的感受。她想与他们谈一谈，但她不知道该如何谈。所以她走向沙发，打开电视。

类似这样的时刻会发生在所有家长身上。当类似的事情发生在你身上时，你也许很难回答这个问题“为什么我要当家长呢？”。尤其是当你的孩子的行为问题日益升级，或者你由于某种原因特别担心这些行为问题时，就更是这样了。你是如此地深陷在这个时刻里，以至于很难退后一步看看你——作为家长，作为家庭一员，或者作为一个单独的人——要前进的方向。换句话说，这种感觉就像给你指明方向和目的地的指南针丢了。你与孩子每时每刻的互动，也许只是为了让任何正在发生的消极事件消停下来，而这会让你无法看到整个广阔的图景。很多家长在亲子互动中，都更感兴趣于完成当下最紧要的目标，例如，阻止孩子发脾气或叽叽歪歪；而不是聚焦于长远目标，比如享受一家人在一起的活动。长远目标很容易迷失在日常的慌乱中，并开始慢慢变得遥不可及。在这种情况下，只是围着孩子转都会带来紧张或压力。在最黑暗的时刻，对你来说，养育孩子好像不再是你自己当初的选择，而好像是你误入其中而不得不做的事情，无论你有多累、多沮丧、多不确定，都不得不做。你能做的就只有一天天熬下去。

聚焦于对你来说最重要的事情——关于你的孩子，关于养育这件事，以及关于照顾好家人和你自己——是本章的内容。我们希望，确定并牢记这些重要的事情能成为养育指南针，在你的养育过程中，甚至是在最艰难的时刻，给你方向感和目的感。在 ACT 中，那些我们最在意的东西，就是价值。

当生活阻碍我们聚焦价值时

作为小朋友的家长，你很可能会发现，你很难想起上次坐下来思考真正对你重要的事情是什么时候了。如果你跟大多数家长一样，你的价值很可能已经迷失在日常的琐碎中——每天叫孩子起床，为他做饭，辅导作业，管他睡觉。谁有时间思考这些宏观的事情呢？花时间来想这些好像是遥不可及、非常奢侈的事情。

再比如，如果你跟大多数家长一样，那么当养育变得困难时，你也许感觉你好像只是在走过场。这在生理上会有什么表现呢？你也许会感到精疲力竭、不知所措，体验到某种沉重感，感到麻木或心不在焉，或者有紧迫感和被困住的感觉。当你做下面的练习时体验一下这些感受，并记录在你的养育笔记上。

练习一下

条件反射式养育

回忆一些你觉得分身乏术的时刻。当你挣扎着想要管理孩子的不良行为时，发生了什么？出现了什么感受？你的感受影响到你们全程的互动了吗？

如果你可以把那些时刻当作“空间”来感受，那它们是让你感到宽敞、开阔，还是狭小、拥挤到你必须努力逃离的程度？

很可能，当你处在类似这样的情境中时，你会体验到一种通过狭长管子看东西的感觉。你唯一的目标就是做任何必要的事情，来阻止孩子的问题行为。你的世界也许会缩窄到仅剩下这一次互动，而且仅凭这次互动就可以评判自己作为家长是成功还是失败的。并且在那一刻，你很可能会依赖于任何你最习惯的行为管理策略——尤其是那些带来短期效果的行为，比如通过贿赂使孩子停止争吵。回想一下凯莉，那个精疲力竭并被贝拉的哭叫惊醒的妈妈。她很担心孩子的安全，然后，即使她发现贝拉没事，她也很恼怒。她生儿子的气，并且她认为这件事是他的错。所以她向卡森怒吼："走开！马上！"此时，凯莉做了她需要做的，或者她认为她需要做的，来控制当时的情境。过了一会儿，她意识到，这并不是卡森的错，并且她感觉自己作为母亲很失败。大多数家长都会体验到这种失败的感觉，以及那些凯莉在女儿哭叫时体会到的情绪（担心、愤怒）。并且我们大多数做家长的都并不喜欢那样的感觉，所以我们会仅仅为了暂时感觉好一点，而做些什么来尝试赶走那些感受。我们这么做时并没有考虑长期的后果。正如管中窥物的另一个例子，想想上次你的孩子在商店的收银台前哭哭啼啼，乞求你给她买好吃的的场景。想想你做了什么让她停止哭闹。你给她买了，还是冲她大吼来阻止哭闹以便让她安静下来？不幸的是，尽管这些策略会立即生效，但是这也许会降低长远获益的可能性，或者阻碍更深刻且持续的行为改变。请按照下面这个正念指导语进行练习，期望能帮助你探索这意味着什么。

练习一下

养育的荒岛隐喻

想象你被困在一个热带小岛上，坐在宽阔沙滩的边缘，波浪冲刷着海岸，你眺望着大海尽头。你的岛上具备生存必需的物品，包括食物、水和庇护所。你能在寒冷的夜晚生火取暖。在你遭遇船难后，一开始可能非常艰难。你肩负着照顾自己和练就生存技巧的重任。你不得不学习在哪里以及如何找到食物、水和庇护所，也要学会观察潮汐和季节的变化，以确保你在不同天气下的安全。你也许会感到害怕、孤独，不确定自己是否能扛过去。

现在，回想一下当你有了第一个孩子，并把还是婴儿的他带回家的情景。你也许会感到害怕、孤独，不确定自己能否照顾好他。你也许会体验到泰山压顶般沉重的责任感，以及对自己处理事情的能力或养育方式是否“正确”的怀疑。即使你已读了很多养育类的书，与有孩子的朋友交流，经常给自己的父母打电话寻求建议，你可能仍然不得不通过自己的努力学习很多东西——靠你自己。

在你的岛上也是如此。在花费大量时间学习如何在岛上生活后，事情会变得相对容易一点。你也许会习惯于各种事情的发生。实际上，你也许已经只顾着忙于学习如何生存，而那些求救的想法——获得帮助或寻找有人的大陆——已经荡然无存了。也许，你甚至已经放弃了离开这个岛的可能性。总之，生活也许没那么美好，但至少你一直能应付。而改变的潜在代价也许是巨大的：海洋波涛汹涌，洋流险恶。如果你试图离开这个岛，你并没有一定会得救的把握。而且更重要的是，你到底如何才能离开这个岛呢？也许你也毫无头绪。

作为一名家长，你也许有类似的体验。久而久之，你很可能就能自如地应对养育任务，开始相信自己在这方面有一定的能力。当你的孩子逐渐长大，你也许会陷入更多条件反射式的模式来安抚孩子或者让他停止发脾气或抱怨，并且这些方法也许在短期内很有用。尤其是当你作为家长感到不堪重负、压力重重时，或者是当你用那些在短期内能搞定孩子的、条件反射式的方式进行养育时，你也许会产生一些类似于在荒岛上的想法。你也许会丧失希望，放弃改变现状的尝试，埋头于摆在你和孩子眼前的事情上。如果事情进展不顺，你也许并不知道该如何改变它们。又或许事情进展顺利，你搞定了一切，承担起了日常养育孩子的任务。也许，在某个瞬间，你会有“能不能做点不一样的”或“是否可以有一种更有活力、更有生命力或更为振奋的方式”的想法。那时，你的头脑也许会蹦出这样的想法：“好吧，我哪有时间那样做呢？”“我的生活不是那样的”，或者“我就是没有那样的能量”。花点时间倾听你的内心——这些话让你觉得似曾相识吗？

当你思考离开荒岛的可能性时，各种各样的问题也许会席卷而来冲击你的头脑：我该如何导航？我该往哪个方向航行？我如何才能造一艘船帮助自己到达那里？我能挺过狂风巨浪，并且不被渴死饿死吗？你也许还会体验到恐惧或自我怀疑。也许你开始思考，这样一个地方可能根本就不存在，或者担心即使它存在你也找不到。你也许觉得自己可能会犯错，然后偏航，最后陷入比之前还糟糕的境地中，迷失在大海的某处。也许会有很多情况阻碍你离开这个小岛。

养育你的孩子也许常常会让你感觉迷失以及充满自我怀疑，害怕犯错，尤其在孩子出现困难行为，或者你怀疑自己能否有效应对孩子行为的时候。你的头脑也许会插入类似这样的评论：“但是，我已经做了我知道的一切”或者“我已经尝试了这个办法”。也许你感觉你做家长的“空间”非常狭小，没有地方可以自由移动，或者甚至都不能自如地思考。

尽管有这些想法，你也许会有种模糊的感觉，想要往一个不同的方向走。那个方向也许并不清晰，并且它对你来说也许只是某种感觉，某种除了与孩子争斗，还可能做点别的、更多的什么的感觉。你也许并不知道如何到达那里，而且你也许并不相信这种可能性。像这种时候，你的头脑喜欢屏蔽这种感觉。头脑就是被训练来计算危险的。头脑鼓励（或强迫）你坚守你所知的，并聚焦于短期目标而不是长期目标。这没问题——这只是你的头脑在履行职责罢了。不幸的是，如果你的养育只是为了短期结果，比如仅仅是处理日常家务或管理孩子的问题行为，你也许会感到肩负重担，生活受限。但是，如果这并非“你能达到的最好状态”，那会怎样？如果养育体验可以有所不同——不是关于你或你的孩子做了什么，而是关于关系，你与养育方式的关系以及与你的孩子的关系——那会怎样？

行动是价值所在

这里有一个不太一样的想法：假如你可以选择如何回应你的孩子，而不是仅仅按照你的头脑告知你的那样对情境做出反应，那会怎样？假如你可以选择你的方向，甚至你可以选择在什么时候处理目前正在发生的事情，那会怎样？价值是选择的方向或存在的方式。你也许会把价值当成选定的目的。但价值不是目的，而是罗盘上的方向标，指引你的人生。即使你并不确切地知道如何活出你的价值，价值也可以给你指引。你看，价值不是目标，不是需要完成的事情或需要到达的地点；价值是由你最关心的事情指引的行动。这就是为什么我们有时用“践行价值”这个词，而不是与来访者讨论“拥有价值”。“践行价值”意味着以真诚的态度，追求那些对你来说最重要的事情。为了帮助你理解什么是践行价值，请完成下面的练习。

练习一下

你想要怎样被铭记？

我们都曾在生活中陷入困顿，也都常常感觉被那些与我们的需求和渴望无关的东西牵着鼻子走。现在有一个机会，你可以体验你是可以选择以不同的方式生活的。也许这看起来有些晦涩，但是请和我们一起等待片刻，之后它的目的会慢慢显露。

想象你已经去世，并且，由于一些原因，你的灵魂能够参加你自己的葬礼。没人能看见你或听见你，但是你可以听到人们说的一切。想象一个对你来说重要的人，走到灵堂前致悼词。如果这就在今天发生，你认为这个人将如何描述你？请不要带任何夸张的成分，也不要试图让你听起来舒服，他或她会如何描述你的人生？这份悼词呈现的，是你希望被铭记的样子吗？

花点时间想想这个，在你的养育笔记中写下你对每句话的想法和反应。请尽量不要筛选或改变它们，仅仅如其所是地写下你的想法。

当你完成这部分练习时，你的脑海中浮现了什么？如果你跟大多数人一样，那你也许会感到有些犹豫，甚至感到一丝遗憾或尴尬，或者你会体验到一些稍纵即逝的想法，比如，我不确定自己有多少事值得被大家称道。

现在，花点时间，思考以下问题。当你在笔记中写下你的回答，请假设你已经完全能够选择你想要的生活。你的头脑现在肯定会对你说你不能，请你注意到这点，并先把这些想法搁在旁边一会儿。现在，写下在你内心深处，你最在意什么。

- 如果你可以选择一件事情让你的人生为之努力，那件事会是什么？
- 如果你可以选择自己的生活，可以选择按照自己最重要的方向来生活，你希望怎样被铭记？

我们猜类似“保持房间干净”或“确保孩子听从指令”这样的事情不会是你头脑的第一反应。请注意在这个练习里你脑海中闪现出了什么。是什么更宏大一些的东西吗？也许是类似“我希望自己被认为是一位伟大的家长”的话出现在你的脑海，或者是类似“我很在意要帮助他人；我希望在我去世后大家会这样评价我”的想法。让你的头脑温柔地持有这些想法吧——不把它们当作承诺，而只是当作可能性。如果你可以过上与这些描述一致的生活，你愿意付出什么呢？

假如追求价值是不可能的，那会怎样

当你做完上面的练习，你也许注意到你的头脑会插入类似这样的想法：是的，很对，确实是，这样很好，但这不可能。再一次地，你的头脑只是在恪尽职守而已。去说服你自己你并不是真的想得到你深深在乎的东西，比去承认其实你全身心都在渴望那些东西要更容易。有时，正如我们前面提到的，对家长来说，仅仅是思考对他们来说最重要的是什么都很困难。那也有可能是你大脑微妙的影响，因为它试图保护你免受失败和失去带来的恐惧。

在 1899 年的一次演讲中，西奥多·罗斯福说：“向强有力的事物挑战，去夺取辉煌的胜利，即使遭受挫折也比苟且偷安强得多，因为得过且过的人生活在暗淡的暮光之中，既体验不到胜利的欢乐，也尝受不到失败的痛苦。”当你允许自己最在意的东西走进内心，“向强有力的事物发起挑战”时，你的头脑会很快让你陷入你能还是不能得到你想要的东西的争论中。当这种情况发生时，看看你能否承认这些想法的存在，只是注意到它们，然后把它们搁置一旁。你愿意聚焦于朝着你在乎的东西前进，还是与你的头脑抗争？看一看，如果你站起来，采取行动，并朝着对你来说最重要的东西前进，会发生什么。

价值不是目标

有时人们会把价值或价值方向与目标混淆。目标在终点中，它本身也是终点。目标和价值间的差异，就像到加州旅游和向西旅游之间的差异一样。如果你的目标是抵达加州，并且正朝着加州前进，那么迟早你会到达，然后你的旅程就结束了。如果你向西前进，就可以无限地朝着那个方向前进——总有“更西”的地方。价值就像这样：它们是方向，由你生活中最在意的东西而定，并且是你选择的。践行价值就是选择过上与对你来说最重要的东西一致的生活。就这点而言，投入有价值的行为中，很自然会让你想做更多。这种行为可以激发新行为或进行自我更新，虽然价值不可能被“到达”，但是它们可以被用来引导你的行为。

当我们问家长想要什么时，很多时候他们会提到物质方面，比如更高的薪水或更多的工作保障；而有时他们会些说细小、直接、具体的内容，比如想要他们的孩子按他们说的做，或者停止哭泣。还有些时候，人们会提到非常抽象的东西，比如，他们想要生活得更幸福或压力更小一些。这些都是目标的极好例证。而价值能为我们的目标提供更宽广的语境：我们为目标奋力拼搏其实是为我们的价值服务。这就意味着，我们为了达到目标而前进，会推动我们更靠近自己在意的东西。想想作为家长，当你的孩子逐渐长大，你仍然是家长——那段旅程没有终点，即使孩子离开家或开始组建他们自己的家庭。你的养育方式必须因时而变，然而，你是家长的事实并不会改变。类似地，价值也是一项没有终点的活动，但是它们可以为你完成每日养育任务赋予意义和目的。这是随着你的孩子从小到大，你可以终生持续为之奋斗的东西。

练习一下

养育的价值和目标

你拿起这本书，并读到这里，是有某种原因的，是因为你想要从中为孩子和自己获取某些东西。现在请花点时间思考一下，你为什么在读这本书。

1. 拿出你的养育笔记，以几个关键词的方式写下你和孩子寻求帮助的原因。

2. 看看你能否从刚才写的内容里找到任何价值或目标。比如，你也许已经写下，你需要知道如何应对孩子的反抗。那可以是一个目标，因为学习如何应对具体行为终有尽头。或者，你也许已经写下，你想要与孩子建立一段有意义的关系。关于这是价值还是目标，请思考一分钟。它真的没有尽头，因为有意义的关系是需要持续地努力的，所以它更像一种价值。

3. 允许自己不带评判地思考写下的内容。即使你写下的都是消极内容，或者都是目标，都没关系。仅仅注意纸上呈现的都是怎样的想法和感受。

4. 现在，如果你可以想到一个养育价值，就把它写下来，它肯定会对你有用。但是如果你现在实在想不出来，也没关系。例如："我看重为我孩子的人生带来积极影响""让我的孩子知道我爱他，这很重要"或"我想要我与女儿的关系亲密无间"。

5. 奔向价值常常需要我们完成一定的目标。想出一两个目标，可以帮助你奔向上一步中写下的价值。例如，"我会每天告诉儿子我爱他"或者"我将学着如何恰当运用计时隔离，这样我的孩子就能学习正确的行为"。把你的目标写在笔记中。

价值不是感受

有时，追求价值真的很难。拿你提升家庭健康的生活方式举例。活出以及提升健康的生活方式本身并没有终点，也不是终点。完全活出这个价值的目标，也许需要一连串的相关目标组合而成，比如拒绝购买和食用高脂肪或高糖分的食物，监控家庭成员的食量大小，或者每天一起锻炼。然而，在特定情境下，遵循这个价值也许会变得非常有挑战性——比如，当你和朋友在饭店吃饭，当你走在超市的零食区，当你饥饿的孩子乞求你给他买吃的。在类似那样的时刻，我们真的很容易向诱惑投降。当你选择“投降”，你就偏离了你的价值或价值方向，即你认为生活中最重要的东西。有时你甚至都注意不到你已经偏离了价值的航线。而其他时候（并且很可能大多数是这种情况），你知道你偏航了，但是你也许并不想要重回航线。事实上，重回价值方向也许会感觉很糟糕，而偏航时也许会感到解脱，至少会有短暂的解脱感。例如，虽然为孩子准备加糖麦片粥早餐显然没有朝着健康生活的方向前进，但比起听她因为不想吃蛋白和豆腐培根而哭闹来说，可能会让你感觉更好。在这种情况下并没有什么绝对正确的做法，但是你只需要觉察到你的价值，并承认你已偏航——不让你的头脑为此做出评判——就是在朝着你明确对作为家长的你来说什么是真正重要的方向上迈出了一步。明确价值对践行价值来说是非常重要的一步。

脆弱的重要性：价值的代价

与你做过的任何其他选择一样，追求对你来说最重要的东西，同样会付出代价和得到获益。作为家长，去追求你最看重的东西时，你可能承担着相当高的风险。比如，希望你的孩子健康、不生病，这可能非常重要。如果这一点不能实现，那对你来说也许是件相当可怕的事情。如果你确实如此，那么，正如很多我们正在帮助的家长一样，我们想说：欢迎回归人类。一旦你有了在意的东西，你就会变得脆弱。你越想要某物或在意某事，当你失去它们的时候，就会更加难受。事实上，如果你曾好奇你是否追求过某种价值，你只需注意你是否曾感到受伤或难过。这是表明有些东西对你来说有多重要的一个好迹象。例如，如果你重视在养育孩子时不传递性别刻板印象，比如

“粉色是女孩的”或“男孩不玩洋娃娃”——那么，当你的女儿穿着公主裙回家并告诉你只有男孩才打棒球时，你也许会感到血压升高。

当选择追求价值时，很多家长反馈说，感觉自己充满活力，但同时伴随高度恐惧。践行价值的代价，简言之，就是为了服务于你最珍贵的追求，你需要打开自己，让自己暴露在容易受伤、自我怀疑和失望中。在这里，就只剩最后一个问题了：在一个你可以选择成为你在生命最美时光里展望的家长的世界中，你愿意冒这样的风险吗——感到脆弱、失去在意的东西？例如，你认为孩子在双亲家庭中成长非常重要，即使你和伴侣的关系可能经受不住养育带来的风暴，你也甘愿冒险，并且与此同时，和你的伴侣一起朝着健康、充满活力的关系努力。

请记住，践行价值，还是不践行价值，这是一个选择。你珍视的东西也许会随着时间有所改变，但是请记得，践行价值没有终点——这是个持续的过程。并且，在每个当下，是否选择追随你的价值，完全取决于你。正如任何其他你做的选择，选择追求你的价值是在某个时候、特定的感受下发生的。并且，与任何其他选择一样，你可以独立做出一个与那一刻的你感受到的或正在思考的都毫无关系的选择。例如，如果你的孩子哭闹着说：你让他在骑车时必须戴头盔，这让他不能融入其他孩子，你也许会因此感到羞愧，甚至怀疑自己。然而，基于你对他安全和健康的价值考量，你仍然可以要求他戴上头盔。这就要求你得退后一点，把眼光放得更长远一点。这很不容易，并且常常让人感觉不舒服，我们会在后面讨论这部分。现在，请知晓这种以相反的方式行动而感觉吃力是非常常见的现象：“我想让他戴头盔，但是我不想让他大哭大闹地跟我斗，我也不想让他被他朋友们取笑。”为了过上与价值一致的生活，意味着要做出选择，以引导你走向你认为的生命中最重要的东西，不管你有多惧怕或怀疑。在行动前做个深呼吸是个好主意。作为家长，你很可能有很多时刻都不想再养孩子了。如何应对那些时刻，完全取决于你。请记住，即使当你年幼的孩子总在提出要求，让你觉得养育是件压抑和受限的事情时，你仍然可以做出选择，选择作为家长要如何回应。

勇敢地跳吧，接住你的网会出现的

有一句佛偈是："勇敢地跳吧，接住你的网会出现的。"① 这也许是一个可怕的想法，因为你必须对当你跳下或尝试不同的东西时事情会顺利有极大的信任。再者，为了过上与价值一致的生活，意味着不管你有多害怕、怀疑或感到挫败，都要做出选择，引导你走向你认为生命中最重要的东西。作为家长，有很多时刻你必须选择"你想成为什么样的家长"，即使这看起来是有风险的。举例而言，你奉行的价值是给孩子的人生带来积极影响，那这就需要你在她犯错的时候给予惩罚，但这就伴随着她会生你的气或者不喜欢你的风险，因此，不冒风险，你最终就不能带来你希望的改变。

学习如何做出这样的选择，并不表明你总是知道在养育的情境下做什么是对的。但是，这种方法能够帮助你在与孩子共处时，选择一个目的。随着时间推移，你将这一个个时刻串起来，也许就能看到一条清晰的路径。它并不总是笔直的，并且它肯定不总是平整的。有时，你也许会迷路。但是一旦你明确了你选定的价值，就有了指引你暗夜行路的指南针。

你生活中的价值领域：没有对错之分

你关心的生活领域——比如家庭和工作——是相互影响的。你的

① 这句佛偈可能是出自《妙法莲华经》的第二十五品《观世音菩萨普门品》，原文中写道："或在须弥峰，为人所推堕，念彼观音力，如日虚空住。"也就是说只要你虔诚地信仰，那么即使你被人从须弥峰推下去，也能像太阳一样停留在虚空之中。也就是强调绝对信任的重要性。——译者注

生活是一体的，一个领域中的行为会影响其他领域。所以当你思考你的价值时，关注生活中的所有领域也很重要，包括你内在涌动的想法和感受，以及这些想法和感受与你在家庭、工作、个人和家庭关系中的经历之间的互相影响。

价值的选择，无论是在某一生活领域之内，还是在不同领域之间，通常是因为它服务于一个目的，一个与那个时刻，那个情境紧密相连的目的。在某个时刻因为某个目的而选择的价值，不能用对错来评价。我们这么说是指不同的人在意不同的事，并且有时在不同的现实情况下你对各种事情的重视程度也会不同。例如，你也许会选择与还在婴儿期的孩子一起睡觉，因为你重视与孩子的身体接触，相信这对他的发展有益。另一位家长也许会选择让她的孩子独自睡在自己房间的婴儿床里，因为她重视维护与伴侣的亲密关系，并且想要孩子从小就能自我安慰。这两种选择，本身没有对错之分，但是每种选择背后都隐藏着各自的价值。从现在开始的一年内，这两个例子中的家长也许都会因为自己的价值和所处的环境改变而改变自己做出的选择。对此，不必进行评判。你所关心的，与其他人在意的一样重要，反之亦然。除了你自己，没有谁可以决定，在某个人生领域或情形之下，选择这个而不是那个价值是对是错。

有时，你会感觉价值间存在冲突。并且有时候，在某些特定情况下，你不得不把时间和注意力分配到多个价值领域中去（比如养育和职业发展）。你不得不选择如何使用你的时间和精力。当这种情况发生时，请考虑更大的图景：你重视的和为之努力的事情，从整个时间长河的视角来看是会趋于平衡的。例如，当孩子还小时，你也许不得不把职业放在次要的位置上。孩子对你的需求变少的时候总会到来，那时你就能重新聚焦于职业，也许甚至把养育放在次要的位置上。正如弗雷德·罗杰斯在《罗杰斯先生的世界》一书中所说："你几乎没有时间做你生活中想做的每件事，所以你必须做出选择。并且，希望你的选择是基于你对‘自己是谁’的深层理解。”

毫无疑问，你会发现你的价值体现在你生活的不同领域中。例如，如果你重视给其他人带来积极影响，你可以在养育、职业和很多其他生活领域中都按照这一价值行动。一些研究甚至表明，那些能够灵活地在不同生活领域追求价值的人，有更高的心理健康水平 。因此，那些常说类似于“我能同时平等关照职业和孩子，并且不感觉愤怒或羞愧”这种言语的人，比起那些被例如“对任何好家长来说，孩子总是第一位的”想法束缚的人，情感健康程度可能更高。尽管只有你才知道，对你来讲什么价值是重要和有用的，但有多种你在乎的生活领域会给你一种感觉，即你有很多其他的可能性来做对你来说最重要的事情。

学着活出你的价值

一旦你明确了你的价值，你如何知道自己是否正在追求它们呢？你的头脑很可能会不断地告诉你它关于你是在对的还是错的航线上的判断。但这应由你来确定：你的头脑是在帮助你朝向价值前进，还是在引导你偏离航线。例如，回到自行车头盔的那个情境中，你也许会想“当其他孩子中没有一个人戴头盔时，如果我让我孩子戴，那么我就是个可怕的家长”。你也许会因此感到羞愧，并且想着就让他不戴头盔骑车吧。让那些想法控制你，意味着你将让孩子不戴头盔骑车，以便减轻自己当下的羞愧和不舒服的感觉。不让那些想法控制你，意味着你可以选择要求他戴上（或不戴）头盔。请记得你希望孩子安全和健康的价值，即使你自己感觉糟糕，你也可以告诉他要戴上头盔。当你注意到你的头脑正在告诉你关于养育的事情时，尽量回想一下你的养育价值是什么，以及你的想法和感受是在帮助你迈向还是远离那些价值。例如，让孩子戴上头盔也许是在朝着让他保持安全的价值前进，然而，“他会被嘲笑”的这个想法会阻碍你这么做。在这本书的稍后部分，我们会展开更多的探讨，讨论你的头脑以及你可以对这些没有帮助的想法做些什么。

此时此刻，你也许会发现，探索你自己的价值会有用处。下面的这个正念冥想练习指导语，是在布莱克利奇的版本上加以改编和扩展而来，旨在澄清你在意的事情。这将有助于你确定如何践行你的养育价值。

练习一下

朝着你的地平线进发

想象一下海面上那条无边无际的地平线。在你面前，太阳从地平线冉冉升起，金黄色的光芒照亮了它周围的云彩。践行价值就好像扬帆驶向那条地平线。地平线总是在变化着，它也许看起来会升起或降落，或者甚至看起来有时就在你周围移动。因为它在不断变化，你从来都无法触及——你只能朝着它移动。当你向地平线行进，你就会被太阳的光芒温暖。你感觉活力十足；来自阳光的力量滋养着你的身体。也许一阵轻柔的微风会伴你前行。请注意，你不必径直朝向冉冉升起的太阳。只要你在向着地平线前进，阳光就会照耀你以及你周围的一切。你的行为不必总是完美无瑕地匹配你的价值；如果你大体上在朝着你想要的生活前进，你就会从中感受到重要性。这并不总能让你感到很容易或感觉良好。强风会在你周围肆虐，以期尽力把你吹离航线，有时乌云也会遮挡你的视线。你的生活环境也许会使你很难沿着航线前行，并且你的头脑会告诉你，这不可能做到。也许还会有暴风雨：绝望和失败的感受像大雨一样淹没你，你也许会因此失去方向。所以放置一些浮标来标记你的航线，很可能是个不错的想法。每个浮标，代表一个目标或一个价值行动，既能显示你的进度，又能引导你朝向地平线前进。

目标很重要。那些你能够完成的具体目标，能让你自己及周围的人知道什么对你来说是最为重要的事情，从而帮助你不偏航。现在请走近一点来看看你自己的地平线。请完成以下每个步骤，并在你的养育笔记中记录下你的想法。

1. 你的地平线上有什么？请记住，地平线是无边无际的，有足够的空间容纳你想放在那里的任何东西——容纳关于养育的希望和梦想，以及你为自己选的任何事物。不要关注那些使你难以成为理想自我的困境，想象你在一个理想的世界里，在这个世界里，你可以完全成为你想要成为的样子。

2. 花片刻时间思考一下你想要成为什么样的家长。描述你与孩子在一起时自己的行为举止，列出在你与孩子的关系中你想要表现出的品质。

3. 现在请继续，让你的头脑做它的工作吧。在你看向地平线时，头脑有冒出什么想法来吗？

4. 当你思考如何朝着地平线前进时，你觉察到你有什么感受或回忆冒出来吗？你感受到什么身体反应吗？

5. 现在看看你能否仅仅注意到所有的这些反应，然后放置浮标——选择一个你愿意做并且现在就能做的具体行为，一个能让你在此刻或之后与孩子互动时更靠近你的价值，靠近地平线上的太阳的行为。

6. 想想其他需要被放置的浮标。在构想你的目标时，那些随之浮现出来的感受和头脑在做的事情，都只需要注意到它们的存在就可以了。

价值航线上：你的头脑与内心

完成这个练习的过程中，你也许会注意到你的头脑是如何对你喋喋不休的。这就是为什么能够区分你的头脑在告诉你什么和你的内心在告诉你什么是如此重要。你的想法是在帮助你还是阻碍你？一种澄清的方式，就是问自己这些问题：

- 我感觉正在做的事情是真正重要的事情，还是感觉它正在让我远离我在意的事情，正在消耗我的生命和活力？
- 我的行为对我有启发吗？

有时，家长会告诉我们，他们知道自己什么时候是走在价值方向上的，因为当他们这样做的时候，之前那些感觉挣扎或沉重的地方，现在会感到轻松。正如我们之前所说，让你的大脑去思考或评估你到底有没有进步，通常没什么帮助。你要去注意你有何感受，你的身体有何感受，以及这提升了你还是压抑了你。你也许还要注意，当你追求有价值的目的时，你头脑中声音的音量大小如何。

- 它是在越来越大声地警告或批评，还是在默默地为你加油打气？

很可能当你对付孩子那些更具挑战性的行为，尤其是孩子不断反抗你时，你也许会体验到这种沉重或挣扎。类似地，你的头脑也许会调大音量，直到它到达最大音量。在那些时刻，慢下来，停止你正在做的事情，观察和感激那种体验。思考下面的例子。

育儿小故事

别惹你妹妹

劳拉喜欢当妈妈。成为她孩子的好妈妈对她来说非常重要，并且她真的想要确保她把孩子教得很好，这样他们就能成长为成熟、有爱的成年人。对劳拉来说，当孩子还小时，享受与他们在一起的时光也很重要。

一天下午，劳拉正在书房处理账单，同时她的两个孩子——6 岁的丹和 3 岁的卡罗琳——在客厅玩耍。丹正在用他的积木建造一座精心设计的城堡，卡罗琳想要帮他。每次当她努力往丹的城堡上添砖加瓦时，丹都会抱怨或严厉斥责卡罗琳。劳拉尽力把注意力放在家庭预算上，但是因为她要不时地斥责丹而不得不被打断："丹，我告诉过你，不要用那种声调跟你妹妹说话！""丹，闭嘴！""丹，如果你不能跟卡罗琳好好玩，我就把你的积木拿走！"每次劳拉都是在书桌前喊，然后又回过头来继续算账，没有去看看孩子们究竟在干嘛。

斥责的效果立竿见影，孩子立马就能消停下来，但不可避免地，孩子的叫嚷很快卷土重来。劳拉变得越来越紧绷，而且在自己是否能完成算账这个任务上感到越来越沮丧。为什么丹不能按她说的做呢？在某次特别大声的叫嚷后，卡罗琳哭了起来。劳拉噌地从椅子上站起来，步入客厅，大吼："好了！你们够了！那些积木是我的了！丹，回你房间去。卡罗琳，睡午觉去！"劳拉仍感觉紧绷，想要发火……现在两个孩子都很难过：卡罗琳小声哭泣；丹愤怒地跑上楼，用力甩上门，怒吼："你一点都不关心我！你只关心你那些愚蠢的账单！"他的声音颤抖着从关闭的门后传出来。劳拉的头脑高速运转起来：看看我都干了啥！我就是那种家长！我再也弄不完这些愚蠢的账单了，而孩子们也很恨我。

在把卡罗琳哄睡后，劳拉自己也很难过，无心再处理账单。到底是哪里出错了？她感觉好像每次她尽力管教孩子时，无论她如何努力都会让情况更糟糕。

重回航线

如果当时劳拉能慢下来，她就可以在做出这些行为之前，花一分钟想象一下如果这样做可能带给她怎样的感受。这样做会让自己感觉到充满活力吗？她也许也能辨别这样做是否与她好好教导孩子以及高质量地陪伴孩子的价值一致。现在花点时间反思一下劳拉的经历。

练习一下

反思劳拉的经历

花点时间思考并将你的想法写下来——劳拉可以做出哪些不同的行为，才能与她自己一开始说的以下这样的价值保持一致：

- 为孩子提供指导，这样他们才能成长为成熟、有爱的成年人。
- 当孩子还小时，与他们在一起，并享受这段时光。

当价值彼此冲突（再回顾）

正如我们在前面所说，不同生活领域的价值有时会互相冲突。在劳拉的情境中，她的养育价值也许会与她要对家庭财务负责任的价值发生冲突。解决这个冲突的一种方式是在既定的情境中，在考虑到情境限制的情况下，去注意到什么是最好的策略，或者至少最有效的策略。如果那晚对家庭财务负责任的价值是她最重要的价值，劳拉也许会选择让孩子自己在那吵，然后仅仅是关上自己房间的门，这样她就能聚焦于账单了。或者，劳拉也许会决定坐下来与孩子们一起搭建城堡，这样她也许就能示范如何轮流搭积木，甚至只需要沉浸地与孩子一起玩。当然，这样做的代价可能是需要熬夜算账单或较晚才能把账单邮寄出去。不管哪种方式，都有一个选择和一个结果；然而，正如前文所述，这些努力总将会随着时间推移得到平衡。

航线并不总是径直的

家长也是人。因此，你总会在此时或彼时偏离价值航线。有时，我们很难知道这类情况什么时候会发生，因为有一些“偏航”偏得非常微妙。当你发现自己“陷入困境”时，你的头脑可能会告诉你，这个努力本来就注定失败。你的头脑只是试图把你对自己的自责降到最低，从而保护你自己。现在回到我们的地平线隐喻，风会把你吹离航线，并且你头脑中的“想法云朵”开始翻滚。这没关系——你的头脑只是在做它的本职工作，简单来说，就是最小化风险。只需要看着你头脑表演就可以了：是在你耳边的低语，还是大喊大叫，同时注意你在这种情况下做了什么：你是否因此在你的价值航线上，完全停滞了下来？甚至你转向了完全相反的方向？注意你正在做的，会给你带来什么感受。

一旦你注意到你已偏航，你就可以做出另一个选择：你愿意回到你选择的航线上，还是愿意继续沿着新方向行驶？追求你的价值并不总是一帆风顺的。你很可能会多次走错路，尤其是当孩子出现挑战性行为时。记住这一点很重要。记住你的航线是你自己的，并且总是取决于你的，这也很重要。有的时候，选择一个新方向可能至关重要，而这里最重要的是，你要考虑到长期和更大的图景，而不只是为了回应你的想法和感受或去选择当下最容易做的事情。如果你跟伴侣共同养育，询问你伴侣的期待，结合你们两人的养育价值，以一种看起来并且在感觉上对孩子一致的方式来养育，这也许也很重要。

浅谈价值和养育培训项目

当你深深卷入与孩子行为的对抗中时，你也许会找心理学家上养育课程，或者就养育进行心理咨询。那你将被问到的第一个问题是你的治疗目标是什么。正如前文所述，价值不是目标；如果价值是方向，目标就是沿途的里程碑。有时，只聚焦于目标，比如增加依从或减少攻击，而忘记了更大的图景，可能会让人感觉沮丧。类似地，我们所知的在孩子身上很有用的技术，常常在理论上非常简单，但在实践上非常困难。同样，在你感觉最具挑战性或最易受挫的情形下使用那些技术常常是很有挑战性的事情。当家长和孩子一起带着极其困难的问题来找我们时，家长常常把孩子当作需要被解决的问题。让你的价值根植于你的内心，尤其是当寻找治疗或学习正确运用新的养育技能时，会非常有帮助。这会让你的挣扎更加有尊严，因为你辛苦的养育被放在了一个有着更伟大目的的语境中，而不是被放置在一个仅仅是解决孩子行为问题的情形下。

总结

希望本章已经帮助你澄清了你的价值，这样你就能在处于养育最艰难的时刻，让价值存于心底。我们也希望现在你有了一些关于想法和感受是如何妨碍你将养育价值付诸行动的洞察。在下一章，我们会讨论这些困难，介绍一些应对它们的方式。

第 4 章

控制是目标吗

管理自己的情绪与行为

决定要孩子的那一瞬间极其关键，因为它决定了你一生都将心系于此。

——伊丽莎白·斯通（Elizabeth Stone）

失败不总意味着犯了错，可能只是在当时情景下的最好选择。真正的错误是停止尝试。

——伯尔赫斯·弗雷德里克·斯金纳（B. F. Skinner）

儿童早期这个阶段充满了各种引导孩子行为发展的机会。事实上，在孩子生命中的这个阶段，需要你为之提供许多规矩和管理。例如，如果你没有告诉孩子吃什么、吃多少、什么时候睡觉、如何避免危险的环境等，那么这就是你的失职。你可能有很多引导孩子行为的策略。其中有一些能有效解决问题，有些则效果不佳。此外，有些策略可能在短期内非常有效，但是如果你注意到自己不得不一次又一次地为了相同或相似的行为使用这些策略，那么这可能表示这些策略从长期来看没有那么有效。最后，如果你使用的策略时而有效时而无效，那你可能会发现你难以前后一致地使用某些策略，或者你不得不频繁快速地更换策略。我们相信这些无效策略在如何使用和如何见效方面有着共性。这个共性就是：这里所谓的有效养育方式是在帮助你控制情绪，而不是在帮助孩子发展更好的行为模式。

作为一位幼儿的家长，你会经常发现自己过得并不舒坦：孩子耍脾气、顶嘴或者拒绝听从你的指示，都可能让你苦恼。那些对孩子产生挑战的事情，比如学习或者进入社交情景，可能也会对你产生挑战。当你亲眼看到自己孩子的痛苦，比如当他经历非常生气、恐惧、悲伤、尴尬或失望时，你可能也会感到非常不舒服。在这样的情形中，你也许会尝试控制或者改变你及孩子的感受，而不能顾及孩子的行为；你甚至可能没有意识到情绪控制正在发生，以及这种控制是什么时候出现的，还有这样做对你和你的孩子会产生什么样的影响。

在这一章中，我们会首先提供一个新视角来理解孩子的行为以及你自己的行为。然后，我们会向你展示以情绪控制为目标——不管是控制自己的还是孩子的——可能会妨碍你有效且敏锐地处理孩子的行为。我们会说明这些情绪控制策略是如何起作用，在多大程度上起作用，以及它们在为谁工作的。我们将帮助你区分什么是你可以控制的，什么是你无法控制的，并为你学习新策略铺平道路，这些策略可以真正改善你与孩子的关系和引导孩子发展出良好行为。

识别你为什么这样养育：行为功能分析工具

作为家长你做出某些举动的原因是什么？通常你可能会以自己的成长史或你被养育的方式来进行解释。但这里有一个更简单有效的方法来思考你在孩子身边做出某种举动的原因。为了理解你的养育方式，我们将向你提供一个叫作“行为功能分析”的工具，它能帮你用一种和以往不同的方式来看待你的养育行为。不过，别让“行为功能分析”这个术语吓跑你。它真的非常简单，就像学习字母 ABC 一样。它也是被广泛研究的行为主义养育策略的基石，且业已经过证实，如果使用得当，可以非常好地帮助家长理解孩子的行为问题。总之，它是一种反思你及孩子（其实是任何人）行为的方法。

行为功能分析是一种看一看你的行为如何为你工作（或孩子的行为如何为他工作）的方法。它的基础观念是所有的行为都和另外两个方面相关联：行为发生之前的诱发事件——我们称之为前因；行为出现之后发生的事情——我们称之为结果。所有这三个方面——前因（Antecedent）、行为（Behavior）、结果（Consequence），或者有人叫它们“ABC”，在特定语境（即某个场景）中或多或少都会一起出现。比如，你听到门铃响（前因），这促使你起来去开门（行为）。如果门前是一个让你厌烦的推销员（前因 –A），你可能会客气地让他离开（行为 –B），这样就能降低你的厌烦情绪（结果 –C）。如果家里有一壶水就要开了，那么让这个推销员赶快离开的心会特别强烈，而如果你正无聊，没有事可做，就不会那么急切地想让推销员离开（语境）。下面，让我们在育儿的范畴下，带着“语境”的概念，更仔细地看一看 ABC——前因、行为、结果。

前因。当你努力找出行为的原因时，很重要的是要识别诱发因素或前因。方法是问你自己这样的问题：“就在我做 X 之前，发生了什么？”很多事情都可能成为前因：一个特别的处境、孩子的举动、孩子的情绪表达以及你的想法、感受、身体感觉。有时这些东西共同创造了前因或者诱发因素。前因通过你的人生经历、记忆、你赋义它们的意义，以及你对它们的感受来获得能量。人们会在自身经验中学习，也会通过观察甚至听别人的经验来学习。至于是否能学到，学得多快或学得多好，取决于学习时的语境。

行为。我们常常把行为看作具体动作。但是行为也囊括想法、感受，以及你表达它们的方式。行为是我们的所做、所说、所想和所感。它可能会被其他人观察到，或者，如果是你自己内在的想法和感受，则只能被你自己观察到。行为由前因诱发，并被行为的结果强化或者削弱。

结果。结果，顾名思义就是某个行为的后果。例如你关上水龙头，结果就是水流停止了。结果，像前因一样，也是非常多种多样的。它包括情景、他人的反应、你自己的感受及其他很多东西。当你的行为直接带来你想要的结果，你就会更加频繁、更加强烈地做出这样的行为。你想要的结果也是不同的：为了得到一些东西或者为了摆脱一些东西，让一些事情发生或者终止一些事情。比如，如果你饿了，你可能想要的是一块饼干；如果你的脚被鞋里的一块石头磨得疼，你会做一些事来去除这块石头。

语境。语境可能意味着很多事情。我们可以把它理解为物理环境。但是又不只是物理环境。语境囊括了你赋予特定事件的意义，以及与事件相关的想法、感受。即使你理解了自己举动的 ABC，在你考虑它们发生的语境之前，你还是不能充分地解释它们。例如，如果你的孩子在自己家里（一个私密的语境）表现得无理一些，你可能不会觉得有什么问题，而如果他在公共场合（一个公共的语境）这样做，你可能会很介意。同样，如果你的孩子在你劳累地工作了漫长的一天之后（语境：你正感到脆弱）挑衅你，会比在一个悠闲的周日的午后，你正在回忆跟好友的美好聚餐时（语境：你是放松和舒适的）挑衅你，会更让你感到被挑战。在每一种语境下，你的孩子可能做了同样的事，而因为语境的不同，你可能每次以完全不同的方式反应。因此，语境是你为什么选择和如何选择养育方式或管理孩子策略的一个极其重要的因素。

下面的图表可以直观地看到对前因、行为和结果的描述，以及在语境下它们是如何工作的。

学习你的养育 ABC

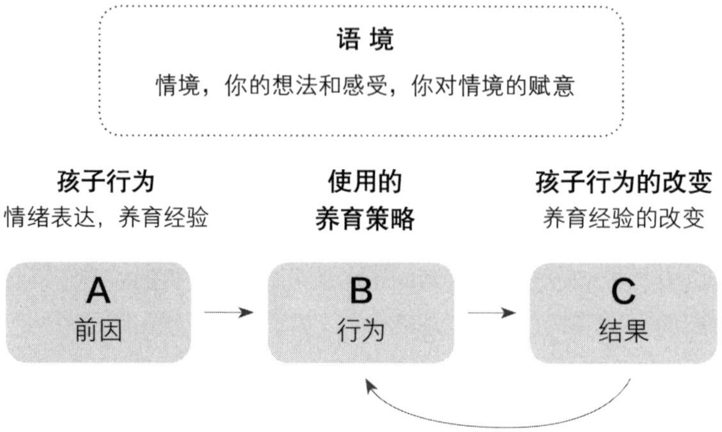

如图所见，你的养育行为（或策略）同时给孩子和你自己带来结果。结果主要分为两类：“强化”和“惩罚”。强化指的是最终能够引发某行为发生频率升高的结果。惩罚则指导致某行为发生频率下降的结果。语境决定了 ABC 之间关系的强度，有助于强化和惩罚拥有各自的效力。

下面这个练习能够帮你理解在特定情境下你采取相应的养育方式的原因。这也会有助于你开始理解想法、感受和养育行为之间的关系。你可以利用这个练习来看一看你的养育策略为孩子和你带来了什么。

练习一下

你对于常见行为问题的核心策略

在这个练习中，你会对你的养育行为进行一个粗略的行为功能分析。为了帮你做到这点，我们选了一些家长最常遇见的和孩子相关的养育情景。我们希望你觉察一下在以下描述的情景发生时你的想法和感受是什么。阅读每个问题，然后把回答写到你的笔记中。

因为你对孩子提了一个要求，孩子开始发脾气。他吵得越来越大声，越来越坚持自己。

- 识别语境：你在哪儿，当孩子发脾气的时候，你周边正在发生什么？
- 识别前因：当孩子发脾气时，你的想法和感受是什么？你的身体有什么感觉？
- 识别你的行为：你是怎么反应的？这种情况下你一般怎么处理孩子发脾气的情况？描述得越详细越好。
- 识别关于孩子的结果：孩子的行为发生了什么变化？
- 识别关于你的结果：你使用某个策略，紧接着，你有什么样的想法和感受？它们有改变吗？你会说自己感觉更好了还是更糟了？

现在再试试这个情景：

孩子以哀叫和哭泣来拒绝上床睡觉，一遍又一遍地跟你要饮料或者饼干，告诉你他非常害怕。

- 识别语境：当孩子开始抗拒睡觉时，你原本关于晚间时间的安排进展如何？
- 识别前因：当孩子拒绝睡觉时，你的想法和感受是什么？你的身体是什么感觉？
- 识别你的行为：你是怎么反应的？这种情况下你一般怎么处理孩子的反抗？描述得越详细越好。
- 识别关于孩子的结果：孩子的行为发生了什么变化？
- 识别关于你的结果：你使用某个策略，紧接着，你有什么样的想法和感受？它们有改变吗？你会说自己感觉更好了还是更糟了？

完成这个练习，你的感觉怎么样？你是否注意到在选择某个特定的养育策略之前和之后，你的想法和情绪有没有什么变化？记录下你的反应。可能你已经注意到，你对孩子的反应，不仅仅给孩子带来某种结果，还作用于你。你可能也注意到，你的想法和情绪有时是对孩子做出某种反应的前因，而有时它们是结果。注意到这两方面是非常重要的。现在既然你已经拥有了一些使用行为功能分析的基本经验，也利用它在语境下观察了自己的行为，那么让我们使用这项技能来更深入地看一看你为什么而养育，你是否选择了以情绪控制为目标。

你为什么而养育

养育并不总是让人高兴的；很多时候，养育是非常艰难的。所有的家长，都会在某些时候被孩子弄得焦虑不安，感到烦躁、生气、沮丧或者失望。有时，当孩子表现出特别强烈的情绪或者行为特别失当的时候（比如，发脾气或者攻击别人），会特别让人困扰。在这些时候，你可能会这样想："为什么她对什么事都害怕？什么时候他可以别那样了。噢，不，她又发脾气了。为什么他不能在我说第一遍的时候听话？她简直就是个戏剧女王！"就像我们之前说的，许多家长觉得孩子的情绪困扰或行为失当，反映了自己糟糕的养育方式。当你和这些想法和情绪抗争时，可能在那一刻管理你自己的感受更重要，而不是去关注怎样做对孩子更好。因此，你对养育策略的选择就可能更关乎你自己，关乎你的思考和感受，而更少关乎你的孩子。看一看下面这个例子。

育儿小故事

入园第一天

凯蒂和她的妈妈，苏珊，站在幼儿园教室的走廊上。这是凯蒂来幼儿园的第一天。凯蒂紧贴着妈妈的腿，凑在妈妈身后一点点。教室很明亮也很热闹，孩子们在房间里的各个玩耍区聊天和欢笑。苏珊感到凯蒂紧紧抓住自己的腿，听到她小小的颤抖的声音说："妈妈，求你别让我进去，求你了。我害怕。"苏珊俯下身来安慰她说："没事的，凯蒂。我们一起走近一点点，感觉一下。"凯蒂从门前退后了几步，更大声地说："不！我不要去！我们回家吧。我想跟你待在一起。"她的眼泪滴落下来。"这一定是凯蒂，"一个刚刚来到她们跟前的老师说，"让我给你介绍下我们玩游戏的区域，然后把你介绍给你的新朋友好不好？"凯蒂脸色变得苍白。她的胸脯起伏着，肩膀耸了起来。她没有跟老师说话而是站到苏珊身后，坚持不过去。"好了，凯蒂，让我们试一试。"苏珊催促道。"不，不，不！"凯蒂带着哭腔说。凯蒂尝试把苏珊重新拉出门，即使苏珊努力安慰她，劝说她进入教室。过了好像极其漫长的几分钟，苏珊的胸脯开始发紧，血压开始升高。她感觉自己好希望能逃避，就像凯蒂一样。"她还没有准备好。我们明天再来试。"苏珊轻声对老师说。"但是，"老师说，"许多孩子第一天都是这样的反应，而……""不，"苏珊回答说，"我不想让她这么伤心。"她把凯蒂抱起来，把教室的门打开。"宝贝，我们要走了，没事了。"

如果用前因、行为和结果的方式来看一看这个故事，凯蒂把焦虑表达给苏珊（前因），苏珊的反应（行为）是把凯蒂带回家（结果）。对于凯蒂来说，苏珊行为的直接心理结果是她很可能感觉没那么难受了，而对于苏珊来说也是这样。然而如果你能想一想对凯蒂和苏珊的长远结果，那就会有点别的什么出现了。

在这种情形下，苏珊，凯蒂的妈妈，在为谁服务？很明显，苏珊想保护凯蒂免受伤害——特别是不要感到害怕或者不要因妈妈把她送到幼儿园而生气。总之，凯蒂在为情绪控制服务，或者说把自己的不舒服，也把女儿的不舒服赶走。看到这点，也许你会觉得这和所有家长秉承的价值是一致的：让孩子感觉安全。毕竟，哪个家长不会尽量减少孩子的苦恼和恐惧，不会帮助她避免可能带来不适或痛苦的情景呢？苏珊自己也体验到很大的压力。通过让女儿逃离感到焦虑和恐惧的情景，她也保护了自己免遭不舒适感觉的困扰。从短期来说，这种情绪控制策略似乎是很好的方法。

有时，短期看来很有效的策略，长期来看会带来意想不到的消极结果。由于紧急状况经常如此强力，让人无法反抗，我们很难从应激的反应中后撤一步，从未来的视角考虑事情。有很多原因导致短期内有效的情绪控制策略会适得其反地助长孩子很多长期的行为问题。因为苏珊不愿意体验不适，凯蒂便没有能够在教室经历有可能是很友善的一天。而且苏珊的行为可能不经意地教会凯蒂：教室是一个让人害怕的地方。这从长远上讲会让凯蒂感到更多的恐惧，阻碍了她学习和运用有效的应对技能。最后，苏珊可能低估了凯蒂应对害怕的能力。由此，这个养育选择让苏珊和女儿都丧失了一个机会，也可能给未来带来更多的困难。

那么苏珊有什么其他的选择呢？她可以鼓励凯蒂留下来。第 9 章会介绍怎么才能用 ACT 的方式做到这点。现在，可以供你使用的信息有两方面：第一，注意一下，在你的养育策略中，什么时候你可能是在依赖情绪控制；第二，理解这样做会带来并非你的本意且通常比较负面的结果。在以下部分，我们会讨论当家长陷入像上面这种有挑战性的情景时经常使用的三种典型情绪控制策略：妥协、加强控制或放弃。

常见的情绪控制策略：妥协、加强控制或放弃

如果孩子的行为挑战到你，于是你采取情绪控制策略，那你基本上是在以下三种策略中选择一个：妥协、加强控制或者放弃。这些策略从短期来看能有效改变孩子的行为，但是从长期来看会导致问题。有些家长会在孩子固执己见或争辩不休时陷入这些策略，有些家长会在孩子因为感到害怕而拒绝遵从规则时采取这些策略。

在上面举例的故事里，苏珊向凯蒂的害怕妥协了。妥协是停止发脾气以及应对孩子黏着家长不上床睡觉或者不想上学的短期有效方法。妥协也包括你给了你的孩子一个要求或指令，让他按你说的去做，但是接下来你并不跟进追踪完成情况。在孩子跟你分开很困难的情况下，妥协可能表现为在教室里徘徊，或者答应孩子的要求带她回家。换句话说，你可能“过于纵容”或者“过度放手”，特别是当孩子的消极情绪激发了你的消极情绪时。然而，就像你看到的，从长期来看，妥协的结果并非你的本意，甚至是有害的。事实上，专家发现妥协或者说过度放任的养育方式，和更多的、持续性的孩子问题行为相联系，尤其表现为总是很固执、好争辩以及时而表现出的攻击性。

在另外的情景中，你可能用与妥协完全相反的行为模式——加强控制：你可能升级你的要求，提高嗓门或主张更多的权力。使用此种策略的家长通常变得对孩子非常严厉和具有惩罚性。感受到诸如恐惧或愤怒这样的强烈消极情绪是加强控制的典型前因。你的这种状态升级通常在短时间内能阻止孩子的问题行为。但是，这个策略同样可能适得其反，并导致孩子出现持续的问题行为。

第三种常见策略是放弃。一般是从家长说“我已经厌倦了……”

开始。有时经历了行为养育培训项目的家长，或者跟心理学家讨论过孩子问题行为的家长，会觉得那些所谓的被证实过的方法并不奏效。于是，这些家长会去尝试其他策略，以毫无体系的方式从一种方法跳到另一种方法。总之，他们放弃了特定的策略，以前后不一致的方式养育孩子。是的，他们说他们的策略不奏效，他们是对的，确实不奏效，但是不奏效的原因不是他们以为的那样。比如，如果你学习了一种有效的养育策略（就像你将在第 6、7、8、9 章中学习到的那些），但是你并没有持续地使用这些策略，那么你的策略确实不太可能有效。导致养育策略前后不一致的前因是：孩子变本加厉，其不恰当的行为更加频繁、更加恶劣。那么，这当然会让你感到不安或者导致你认为这种养育策略不可行。当这种情况发生的时候，你可能就会放弃你正在使用的策略，而不是坚持下去。

总结一下，妥协、加强控制、放弃的控制策略短期内很有效。特别是当你想要叫停孩子的问题行为，从而把自己从烦恼、沮丧或者其他消极情绪中解脱出来的时候。当你的行为让你的感受变好，我们就把这种情况叫作消极强化：这种解脱的感觉和消极情绪的暂时消散就是对你的奖励。然而，长期来看，所有这些策略在帮助孩子学习更加适当的行为上都是无效的。

控制情绪与有效地管理行为：谁更有效

请你理解：上面描述的所有情形会发生在所有家长身上。没有什么特效药能够快速消除这些时不时因消极互动而产生的不愉快的感受和想法。和大多数家长一样，在这些情形下你很可能感觉不舒服，也可能会感觉紧张或者生气，还可能感觉恼怒或者焦虑——这些都是你行为的前因，或者你听到你的头脑在反复喊：你是一个没用或不称职的家长。这些体验是非常正常的，经常在孩子出现问题行为的情况下出现，是触发养育行为的强有力的因素。

当孩子停下问题行为，家长往往会感觉松口气，紧张、压力、愤怒或者焦虑程度都会下降。这些感受都会让你选择控制策略。因为妥协、加强控制或者放弃看起来是这么有效，可以带来立竿见影的效用，所以它们对你的行为有非常强大的影响力，尤其是在非常具有挑战性的情况下。在这样的时候，如果对你来说打消由孩子的问题行为引发的不舒服或者尴尬是更重要的，那么你会很难坚持使用有效的养育策略，因为这些策略通常带来长远收获而不是短期起效的。所以在选择养育策略的时候记得问自己这个好问题：现在我做的是为了让自己感觉好一点还是为了孩子的长远利益？

经验性回避式养育

我们讨论的情绪控制策略有一个名字，就像你可能记得的那样，当你不愿意经历心理不适或痛苦时，你会通过强力和主动的努力来逃避、停止、减弱抑或控制这种痛苦，这就叫作经验性回避。经验性回避会有许多形式，取决于发生的特定情境。我们已经讨论的一些养育策略——妥协、加强控制、放弃——就与经验性回避有关。下面是一些常见的对想法、情绪、身体感觉产生经验性回避的例子：

- 努力不去想头脑中跳出来的想法。
- 跟自己的想法辩论。
- 转开对自己的想法或情绪的注意。
- 为了不想某些事情而让自己“忙起来”。
- 回避一些会让不想要的情绪或想法出现的情境。
- 避免或者逃离那些会让自己体验到某些感受的人。
- 避免去做那些带来痛苦想法或情绪的事情。
- 通过看电视或者沉浸到其他的能让自己可以不思考的活动中

来让大脑“关机”。

- “过度分析”想法或情绪。

你可能注意到上面提到的一些策略完全是两个极端，比如“关机”意味着变得麻木或者什么都不想，而“过度分析”意味着脑子思考太多。是的，你是对的，这些策略表面上看起来是相反的，但是从功能上看它们是一样的：不管是“关机”还是“过度分析”都是在尝试改变或控制你的想法、情绪及其他体验。

当你难受时，你可能会做任何事情以停止那个让你难受的情境。接下来的这个练习会帮助你看到那些在养育情境中出现的情绪和想法，让你理解什么是经验性回避。

练习一下

视野中的云彩

还记得第3章中我们提到的给家长的荒岛隐喻吗？好了，一旦你准备好向一个你看中的方向前进，一些云彩就会时不时飘到你眼前，挡住你的视线。有时云彩是白色的、松软的，看起来轻轻的；而另外一些时候，云彩是黑暗的、阴沉的。花一分钟反思一下你对这两种不同的云彩分别有什么想法和感受。然后想象一下它们始终漂浮着——这就是云彩的特性。

现在，把云彩看作你的育儿体验，继续这个练习：

如果可以的话，想象自己正驶向你的地平线——驶向你希望自己和孩子想要抵达的状态。看到自己正坐在船上，驶向太阳升起的方向，感受着太阳的温暖，航标在你身后浮动。

现在想象一朵白色的、松软的云彩飘了过来。想一个词或一幅画面，这个词或画面代表了一个关于孩子或在你的育儿情境中让你感受相当好的瞬间。把这个词或者这幅画面放到这朵白云上（如果你做不到，没有关系，只是注意到这个瞬间就好）。请注意，当你回顾这个瞬间时，你身体的感觉，你想到了什么，你情绪如何。现在，把这些身体感觉、想法、情绪放到它们各自的白云上，并看着这些云彩在空中飘浮。注意它们移动得有多快或者有多慢。注意一下它们从哪个方向来，朝哪个方向去。关注一下自己想对这些云彩做点什么——你想对这些感觉、想法、情绪做点什么。然后允许它们飘走，这样你可以又一次清晰地看到你的地平线。看着它们飘走，然后继续向前航行。

想象一下，一朵深黑的、骇人的云彩意外地出现在你的视野中。再想一个词或一幅画面，这次这个词或画面代表了一个关于孩子或在你的育儿情境中让你感受相当糟糕的瞬间。把这个词或者这幅画面放到这朵黑云上（如果你做不到这样，没有关系，只是注意到这个瞬间就好）。请注意，当你回顾这个瞬间时，你身体的感觉，你想到了什么，你情绪如何。现在把这些身体感觉、想法、情绪放到它们各自的黑云上，并看着这些云彩在空中飘浮。注意它们移动得有多快或者有多慢。注意一下它们从哪个方向来，朝哪个方向去。关注一下自己想对这些云彩做点什么——你想对这些感觉、想法、情绪做点什么。

花几分钟时间在你的养育笔记上写下这个练习给你带来的体验。如果你出现这样的想法：这真傻！这好蠢！或者我做不到这个！那就把这些想法写下来。如果可以的话，写下你对云彩上的想法、感受是如何反应的。注意一下对两种不同的云彩——一种和阴郁的想法与感受相关联，一种和轻松、平静的想法与感受相关联——反应方式有没有什么不一样。请注意你的反应方式是如何影响了你的视野，以及向着地平线的前行的。当你让云彩就那样飘走的时候发生了什么？当你尽量不去想它们的时候发生了什么？

你可能注意到你对白云和黑云的反应有些不同。对于那些开心的体验，我们更容易做到单纯地观察而不做出任何反应。你可能也注意到：你让云彩就那样飘过与你试图尽量不去想它们，这两种方式下云彩的反应也是不同的。不幸的是，试图忽视它们往往会导致不想要的感受赖着不走，并让你偏离你想去的方向。反思你在云彩练习中的体验并看看这是否符合你的情况。如果符合的话，你就已经对为什么尝试管理想法和感受不会奏效有所体会了。在养育情境中，努力赶走不想要的感受，与上面练习中努力赶走那些黑云，其效用机制是一样的：这让你不能把精力集中在怎么样做出对孩子最好的事情上。换句话说，努力控制你的感受和想法（或者孩子的感受和想法）通常都是无效的策略，它不会按你希望的方式那样去工作。

考虑语境：当头脑的音量放大时

我们花了一些时间来讨论诱发情绪控制策略的前因。而你在事件发生的那个特定瞬间的状态也会影响你是选择一种情绪控制策略，还是聚焦在孩子的最大利益上。孩子的问题行为发生的情境可能是特别容易激起经验性回避的。如果这些情境是在公共场合（比如在购物中心）而不是在私人空间（比如你自己家），那么孩子的问题行为就会更成问题。比方说下面这个泰瑞尔的故事。

育儿小故事

看展览

泰瑞尔是一个三岁半的开朗、爱闹的孩子。他想让妈妈吉尔在当地的百货商店给他买一个大型的机器人玩具。而吉尔手头很紧就拒绝了他。泰瑞尔开始抱怨和哭泣，吉尔被一种很熟悉的紧张和压力感控制了。当泰瑞尔哭得越来越大声，她被和自己相关的消极想法（每个人都在看我；我是一个糟透了的家长）和对泰瑞尔的消极想法（他就是这样一个讨厌鬼！）淹没了。她感到愤怒和尴尬，心跳骤然加快。人们盯着她，她都能想到人们在怎么想她。突然她感觉自己的思维停止了——她一点都不知道该怎么办了。一个女人用不友好的眼神瞟了她一眼然后走开了。"好了，好了，泰瑞尔，"她说，"你可以买一个。嘘，嘘！"

你可能发现了其中有妥协这一控制策略。如果泰瑞尔在家里有类似的举动，比如想要一块家里没有的饼干，那么对于吉尔来说会更容易坚定地拒绝他。她可能也不会感到那么脆弱。然而，在公共场合经历泰瑞尔的大哭大闹对于吉尔来说是非常丢脸的。于是她通过向吉尔妥协来尝试终结自己的不适。此外，由于把注意力放在自己的想法和感受上，这让她不能仔细地思考对泰瑞尔来说，从长远来看哪种养育策略会更有效。总的来说，她选择了条件反射式的反应方式，而未能考虑行为的长远后果：由于吉尔的妥协，泰瑞尔在以后更有可能发脾气，因为通过这样做他能得到自己想要的。

当你把注意力放在回避不开心的想法和感受时，你可能就不能想到更适合和灵活的方式来应对棘手的问题。这潜在地妨碍了你学习更有效的行为管理策略：如果你不能想到或尝试其他的策略，你就可能永远都没有机会学习到从长远来看最有效的养育策略。完成下面的练习，帮助自己理解触发你使用情绪控制策略的因素和语境。

练习一下

理解触发因素和语境

花几分钟时间想一想在你和孩子的互动中，哪些典型的互动事件处理起来会更具挑战性，或者会引发你的消极想法和消极情绪。可能是孩子拒绝服从你或忽视你时，或者他顶嘴或表现出害怕时。

想一想，在什么情境下，你会觉得应对这些互动事件是比较容易的。在笔记中写下这些情境。

想一想，在什么时候、什么地方，你会觉得这些互动事件特别难应付，给你特别大的压力。记住，语境可能包括你在哪儿（私人空间或公共场合），也包括你感受如何（放松且舒适或有压力、疲惫和脆弱）。把这些写下来。

什么样的语境对你来说是困难的？什么样的情绪/情境对你来说尤为成问题？什么样的情绪/情境对你的孩子来说特别具有挑战性？你有没有注意到在关于如何养育或控制策略的选择中，你有什么特定的模式？比如，在哪种情境下你更倾向于妥协、加强控制或者放弃？注意这些，写下你的观察。

在你完成这个练习后，给自己一点赞扬：你已经成功完成了很多家长未能做到的事。你已经开始用不同的视角看待你的养育策略，并增加着对使用的情绪控制策略的觉知。这做起来非常不容易！觉察并停止这些策略是学习新的更有效的养育策略的第一步，而我们将在第 6、7、8 和 9 章中教你新策略。

如果情绪控制策略不管用，那怎么办

现在也许你在想："如果情绪控制不管用的话，我该怎么做呢？"这是一个非常好的问题，我们将在下一章中予以回答。简短来说，我们会建议你现在略微地调整一下策略。与努力管理或控制想法和感受不同，我们建议你允许自己体会你和孩子在一起时的想法和感受——无论是好的还是坏的。我们会教你如何以接纳的态度关注当下。这个策略有时被称作“正念”，我们会在第 5 章中详细地加以讨论。我们会让你看到如果你能停止尝试控制你的感受，只是观察当下发生的事情，你就可能成为一位更具回应性、高敏锐度、高效能的家长。

总结

在这一章中，我们介绍了行为功能分析的工具，并借助这些工具帮助你思考在特定的情境中你在为什么而养育，以及帮助你识别你的行为给孩子和自己带来的结果。我们也讨论了当你管理自己的情绪[①]而不是管理孩子的行为时会发生什么。虽然这些结果在短期内看起来有效，但是以这样的方式育儿往往适得其反，会导致消极的长期结果。希望我们已经为你搭设起了一个新舞台，让你能在接下来的章节中开始学习新方法，实现作为家长的价值。在下一章中，我们将教会你如何发展和使用正念技术，从而帮助你在困难的亲子互动处境中选择有效的养育策略。

① 这里原文用的是“manage your emotions”，所以翻译为“管理”。但是在中文中“管理情绪”其实包括用正念的方式观察情绪而不做处理。所以在中文中“管理情绪”的意思包括的含义更广。这里取用的是狭义的“管理”，即控制。——译者注

第 5 章

保持正念

对孩子持有觉察与欣赏

我们能为他人提供的最珍贵的礼物就是我们的存在。当我们正念拥抱所爱之人时，他们就会像花儿一样绽放。

——一行禅师（Thich Nhat Hanh）

爱不是完美关爱的状态。它是一个主动积极的名词，就像奋斗。爱某个人意味着努力接受这个人的现状，就在此时此地，无论他或她是什么样子。

——弗雷德·罗杰斯（Fred Rogers）

你是否曾经注意到，当你的孩子致力于某项她喜爱的活动时，比如躲猫猫、吹泡泡或者建沙堡，她完全地存在于当下并且只关注此刻的事情？你可能也尝试过叫她去吃饭或者想吸引她的注意力去做其他的事情，但是效果甚微。回想一下你与孩子在一起的经验，也许他正在打少儿棒球或者是爬到体育器械上玩耍。他的脸上充满了欢乐，无忧无虑。儿童拥有的类似体验可能是直接的、专注的、有趣的，或者同一时间内三者皆有。在这样的一个片刻，他们的担忧——如果他们有的话——可能都被扔到遥远的地平线上去了，就像乌云来了，被轻轻地看见，然后让它飘走，没有留下任何它们存在过的痕迹。

你还记得上一次有这种感觉的时候吗——当你沉浸其中，完全聚焦于那些对你很重要的事情时，你全然地欣赏这件事情，注意到它的各个方面，而不会被任何想法或感受勾住你的大脑，打破这种状态？你还能记起这样的时刻吗——你有意识地以一种特定的方式集中注意力，只关注你周围的场景的时刻？现在花上几分钟的时间去做一下：在你读这本书的同时，不带有对它的任何评价，只是觉察一下你拿着它的体验是什么。这本书有多重？它的质地是怎样的？不翻开书，你能想象出书页的排版吗？在字与词之间的空白处又是怎样的呢？

在这样的情境下，请无须去把这本书与其他的书进行比较，或者去评价它的页数，或者去期待持有这本书能带给你不同的或更好的体验。你可以——不带抗拒、评价、反应地——只是简单地觉察和欣赏你周围的一切，只是为了简单地觉察。现在让你的意识逐渐扩展：思考一下是什么原因让你读这本书，并且做书中的练习。

让你自己觉得这本书中有一些对你来说很重要的东西，一些关于你对孩子的养育以及你跟孩子关系的东西。不去评价或者尝试改变任何东西，只是觉察你对于那些东西的感受。对你来说仅仅觉察而不做反应可能会有点困难，这可能需要练习。

在这一章，我们将会教授给你关于“正念（mindfulness）”的内容，它是一种简单的技术，是可以随着时间的推进不断发展的、有意图的“觉察”。我们将会教你如何将正念引入你和孩子的关系中——在充满快乐的时刻，在日常的相互交流中，以及在比较困难的情景中。在 ACT 模型中，正念包括了一个叫作“认知解离”的过程，我们曾在第 2 章中简要地介绍过。也许你还记得，认知解离帮助你意识到你的想法和感受的本质：它们是可改变的事件，而不是不变的事实或者真理。认知解离是非常有用的养育技术，因为当你与你的想法和感受融合，而不是与它们保持一些距离时，你就经常会被它们从当下正发生的事情中带走。

什么是正念

正念到底是什么？我们在许多情况下使用“正念”相关的术语。例如，我们“注意”到时间或“留意”他人的感受或偏好。当我们使用这些短语时，通常意味着意识和承认某些事情。然而，正念，远不止于此。正念是一种技术，是通过实践培养出来的以一种不防御、不评判的方式，有目的地去注意的技术。虽然它已经成为当今西方文化意识中很常见的一个概念，但它实际上来源于东方的哲学和一些宗教。近来心理学家和研究者开始探讨关于正念的本质问题，以及它是如何对焦虑和抑郁、压力、慢性健康状况、进食障碍以及物质滥用等情绪问题起作用的。这些研究也表明，正念对那些患有孤独症和行为问题等身心障碍孩子的家长也非常有用，能帮助他们应对孩子。

研究显示，使用正念的家长会较少地感受到压力、焦虑和抑郁，他们的孩子也会表现出较少的问题行为和更好的社会互动。同样地，较少使用正念的家长，更有可能会采用严厉的、惩罚性的养育策略，特别是当他们应对诸多压力的时候。因此，正念可以被看作改善情绪健康和行为功能的一个途径。

虽然正念是一个相对容易掌握的概念，但是它并不是什么简单的现象。你可能会发现它在你的日常生活中可以提供四个方面的帮助。露丝·贝尔（Ruth Baer）和她的同事是这样描述这四种能力的：

1. 用语言充分地描述你的体验，包括你的想法和情绪；
2. 行动的时候，关注并充分觉察到你的体验；

3. 以非评判的方式全然体验自己的经历；

4. 体验你内在的心理状态，而不做反应。

尽管观察和意识到你内在体验的能力同样是正念中有意义的部分，但是当你致力于这种类型的自我观察时，你很容易陷入自己的想法之中，特别是在你还没有进行多少正念练习的时候。有经验的冥想者比那些只是学习了正念知识的人更有可能以一种接纳的、不防御的方式进行自我监控。那么，这对于作为家长的你有什么意义呢？首先，它意味着通过练习正念，你可能会发现你的压力感降低，以及更能有效地养育。

把练习正念作为一种存在的方式

你可能会被这个概念吓到，因为你可能以为练习正念意味着你就得在一个漆黑角落里的垫子上坐上数小时，或者躲到山中的洞穴里去。然而，冥想只是培养正念的一种方式。我们在这一节中将会提供一些正念练习，可以帮助你在日常生活中培育正念，而不需要躲进山中修行。你在洗碗、走路、与孩子一起玩耍或伏案工作的时候，都可以秉持正念。正念是一种以接纳的方式，与当下保持连接的方式。以这样的方式活在当下——而不是被拉到过去或者将来——使你与外部和内部事件连接，在这本书前面的部分曾简要提过，外部事件涉及的是那些发生在你身边的事情，内部事件包括你的想法、感受和身体感觉。觉察到存在这样一个“自我”，一个能够认可这些事件并超越这些事件内容的“你”的存在，这是一项非常重要的技术。（这个叫“以己为景”，我们会在下面详细探讨这个概念。）然而，有时候这是非常难做的。但是请别气馁；我们将会在这一章帮你学习这些技术。只要和我们一起坚持！

随着你开始发展自己的正念觉察技术，你很可能会注意到你注意的内容的转换和改变，并开始认识到你的意识在从内部和外部事件中抽离出来。很多时候，你可能发现自己被一些不希望有的想法或感受“勾住”。例如，你可能坐下来开始做一次正念练习，然后几秒钟内，一系列的想法开始争抢你的注意力：我需要洗衣服，或者我不知道能否准时下班去学校接孩子，然后让她去学游泳，并且及时赶回家吃晚饭。你可能还会有“我的方法有问题”的想法。在某种程度上，正念有利于让大脑那持续不断、无处不在的喋喋不休慢下来。下面这些例子呈现了你在正念练习中可能会注意到的一些事情：

- 徘徊在心头的想法
- 情绪
- 感知
- 评价
- 期望
- 归因
- 意见
- 意象
- 直觉
- 肌肉的紧张程度
- 呼吸
- 心境
- 身体感觉
- 注意力不集中
- 担忧
- 想主意
- 列清单
- 给出理由

当你练习正念的时候，觉察到这些事情的发生，但不做任何的评判。如果要洗的衣服吸引了你的注意，就仅仅把它当作一个想法觉察它，但是不要让它将你从当下拉开。正念不是要摆脱你的想法和感受，相反，它是帮助你在不做出回应的情况下更好地体验它们。听起来很难？记住，正念对我们来说，通常是不易的。它是一种需要长时间练习的技术。为了帮助你学习这种技术，我们收录了一系列练习来帮你体验正念的不同方面。最好是在你有安静的时间时来尝试练习——可能是在早上或者晚上，当你的孩子睡着了，没有需要占用你的时间和注意力的事情时。

作为描述的正念

你能用语言描述一下你身边和你内心正在发生的事情吗？或者是否有时很难用语言来描述？尽管你可能通过想象、记忆或者身体感觉与你的体验保持连接，但是要将它们带进你的意识中，通常都是基于语言对它们的描述。实际上，正如你已熟知的那样，要关掉你脑海中的语言活动几乎是不可能的。而正念包括的元素之一正好是：注意到你丰富的个人体验，并用语言描述出来。尝试一下接下来的这个五分钟的练习，这个练习会帮助你大致地觉察那些最初的、简单的、直接的经验。请先读完这个练习的指导语，这样你就可以在做练习的时候不用再看书了。

练习一下

觉察最微弱的声音

请选择一个舒服的姿势坐好。在你的旁边放一个计时器或者闹钟，计时五分钟。闭上你的眼睛，或者将视线聚焦在某一个点上，比如墙上或者地板上很小的一个区域。

按照你平时呼吸的节奏，做几次呼吸。如果你注意到你在努力控制自己的呼吸，或者感觉你需要改变它，那么只是简单地让这些努力离开。在你的一生中的大部分时间，身体都是自己在呼吸，不需要额外的帮助。

聆听你能听到的最微弱的声音。你可能会听到你自己的呼吸或者心跳声。并不是说听哪个声音才是正确的；只是注意那个你能辨认出的最轻微的声音。花片刻时间专注在它上面。将你的注意力集中在这个最微弱的声音上，并且让你的意识停在这里。

五分钟时间结束后，睁开你的眼睛，环顾一下四周。

现在，在你的养育笔记上，尽可能详细地写下你听到的一切。请确保记录下聆听那些微弱声音是怎样的一种体验，是容易还是困难，是否有一些与那些声音或者倾听的过程有关的想法或感受浮现出来。写下你的描述，让那些没有听过这些最微弱声音的人，通过阅读你的文字就能知道你听到的声音是什么样的。

你觉察到的这些体验和你以前的体验相比较，有些什么不一样的吗？你觉察到的细节的层次是否以某种方式发生了某种改变？很多时候，正念式地觉察需要更加丰富、更加复杂的觉知，以及对事件的描述。

作为有目的地注意或觉察的正念

当你做上述练习时，你可能会注意到你的注意力飘忽不定。即使在非常简短的正念练习中，让大脑安定下来也真的很难。如果你的思绪确实游离了，考虑这个问题：你是在你的思绪开始偏离和脱离练习的那一瞬间就注意到了，还是当你发现思绪不在练习中时其实思绪已经飘远很久了？觉察你的思绪偏离了轨道，并且把它引导回练习中的行为，就是正念。如果你像大多数人一样，在学习如何进行正念练习或者冥想的过程中，你的大脑可能会自己偏离、做白日梦、列清单或者在你意识到走神之前注意力早已飘散到其他地方，那在某种程度上，就像我们之前提到的，正念这一包含了培育有目的的注意或觉察的技术，不失为一个好选择。无论你正在做什么，都可以做出这个选择——不论你是在安静地不带任何杂念地坐着、走着、吃着，还是在一个拥挤房间中，又或是与你的孩子在一起。当然，在一个安静的、放松的环境里学习如何将注意力集中在你的体验上，比在繁忙的、吵闹的环境中要简单一些。尽管如此，通过尝试下面的练习，来体验一下我们说的在任何地方都可以练习正念的意思。先把指导语读完，这样你在练习的时候就不需要再看书了。

练习一下

正念行走

花上五分钟的时间去行走，如果时间允许，也可以是十分钟。可以在室内，也可以在室外，可以以任何你选择的速度行走。注意你唯一需要做的就是将注意力集中在步行给你带来了怎样的体验上。在你开始行走之前，放松你的眼睛：它们只需要睁着，为你指引方向，但不需要盯着看。

当你行走时，将你的意识集中在行走的体验上：你抬起或放下脚时分别是什么感觉，在与你下方的地板或者地面接触时又是什么感觉。注意你的重心是如何转移的，你的手臂是如何摆动或者保持静止的。看一看，在你前进的时候，你的脚是如何迈步的，在你改变方向时，你是否能够觉察到在转向不同的方向时，你的臀部前后摇摆或转动的方式有什么不同。注意空气如何与你的肌肤相接触，它又如何随着你的移动在你的周围滑过。注意你周围或者道路上的事物。

如果你的注意力被带走了，或者你的思维妨碍了你的体验，那请随着你的移动，将你的注意力放回你的呼吸上，观察你的身体姿势与你的呼吸是如何对应的。注意你身体某些部位的温度是否与其他部位的温度不同。你唯一的任务就是留意你的行走以及它是如何与你那一刻的感觉、想法和感受相联系的。

花上一点时间，写下你在这段旅途中的体验。你对这个练习有什么样的反应？有没有哪些部分让你觉得困难、觉得容易，或者两者兼而有之？

不评价、不反应的正念

那么，现在你已经尝试了一些正念练习，你可能已经注意到了，无论你做得如何，你的大脑都会不断地评价你的表现。你的大脑对你的评价甚至可能被列成清单了："这些练习真是太愚蠢了""这太困难了"，或者更糟糕的："你真是太蠢了""你缺乏技巧""你绝不可能变得更好。"哇哦！如果你有一个会这样评价你的朋友，你们还能保持友谊吗？可能不会。起码，你可能会为自己辩护。

你不能摆脱你的大脑和它的喋喋不休。当然，也许你自己也不想摆脱它——因为至少在某些时候，这些评价对你是有帮助的。你的大脑能帮助你保持安全，并找出一些问题的答案。但是，如果你的大脑过度依赖经验性回避并把它作为首要应对策略的话，那就没有帮助了。无论如何，你在练习中可能注意到，大多数的喋喋不休都是令人讨厌的。不管你正在做什么，你的大脑可能花了很多的时间去评价你。因此，正念的一个关键方面就是注意到你的想法仅仅是想法——而不是其他什么东西。尝试接下来的练习，去体会我们刚才说的意思。

练习一下

注意字词

阅读下面的句子并且尝试着去注意写在书页上的字词，只是注意。

我的孩子是完美的，我是一位卓越的家长。

现在花几分钟的时间，在你的养育笔记上写下你读这句话的体验。你能不带评价，只是觉察这些呈现在你面前的字词吗？当你阅读这个句子时，如果出现了任何想法和感受，把它们记录下来。

接触正念时间不久的人很难做到仅仅注意这些字词。实际上，人们普遍都会有非常强烈的反应。许多时候，人们只是读到一个像上面这样的句子，或者有一个类似的想法，就会发现他们自己有一些复杂的体验。有时候人们感到欣慰或是愉悦，然后与之同时，或者紧随其后，他们就会感到悲伤或者生气。你可能注意到你的大脑开始争论这句话的真实性。现在注意，就在这一刻，你对于这个练习的想法是怎样的。

被你的想法勾住

正念觉知就像在溪流里撒开一张网：你可能会网住一些你想要的东西——一些好的或者值得要的。然而，你也会网住一些你不愿意想到、看到、感受到的东西——像大脑对你、你的能力或者你拥有的一切的消极评价。通常，会有各种类型的体验“勾住你”并把你带离当下，拉你进入过去或者未来。当你在一个具有挑战性的情境中时——例如，你的亲密关系或者与孩子的互动正处于紧张状况中时，这种情况尤为明显。

试着完成下面的练习，体会我们表达的意思。你还记得在第4章中，我们让你观察你的地平线上的各种云彩，以及在遇到不同云彩时你呈现出来的不同的觉察方法吗？现在，我们将给你一个机会，去练习观察你对自己孩子的想法和感受。

练习一下

欣赏你的孩子

在你开始之前，请先把下面的指导语通读一两遍。别仓促完成，从容地去完成每一个步骤。请自然地呼吸。

1. 安静地坐下并且将注意力集中在你的呼吸上。轻轻地吸气，缓缓地呼气。

2. 想象一个最近你与孩子一起度过的愉快时刻。尽最大的努力让自己回到那个情景中。尝试着回忆你看到了什么，听到了什么，以及，甚至，闻到了什么。你身体的感受是怎样的？你对你的孩子有什么样的想法和感受？

3. 注意孩子的脸，看看她的表情。你看到了什么？

4. 无论你对与孩子共处的时刻有什么样的想法和感受，如它们所愿，它们想停留多久就停留多久。看你是否能最大程度地去注意这些想法和感受。也许你将它们觉察为身体感觉，或者你的想法有可能是以画面的形式在你的脑海中呈现的。可能你事实上看到的是某些语词。无论是哪一种情况，只是注意就好，让这些想法和感受自由地出现、逗留、离开。

5. 现在，请注意，你想对这些想法和感受做什么：你想让它们停下来或者将它们从你的视野中推开吗？你想要与它们争论吗？你对它们有何感受？

6. 思索一下你与孩子的关系。让你所有的感受都呈现出来。许多家长呈现的是对孩子的评价，他们与孩子的关系，或者他们作为家长的胜任力。比如，你可能会想：我与孩子在一起的时候缺乏足够的耐心，或者可能会想：我在养育她的时候，我不确定我是否做到最好了。无论这些想法和感受是什么，无论这些评价是积极的还是消极的，让它们进入你的意识中，并且承认它们。注意一下这些想法和感受的数量是多少，以及你对这些想法和感受的感受。

7. 现在看看，你是否能只是与这些溜进你意识的想法和情绪待在一起，不做任何事情，只是让它们出现在你的面前。同样地，如果你注意到你有想要催促它们离开或者期待它们停留的冲动，承认这些冲动的存在，让它们在你的意识之中自由来去。

8. 如果你挣扎着想要改变或者停止关于孩子或自己的养育方式的想法和感受，请注意，那你就是在从你的正念觉知中溜走。让这些想法和感受再次进入意识之中，并且让它们自由来去。

你在做这个练习时注意到了什么？把你想象中的亲子时刻带到当下，对你来说是否困难呢？是否有什么特别的想法将你从当下的想象中带走？有时候，即使在练习中，要待在当下也是非常困难的。许多事情会促使你从当下离开。比如，执拗的想法可能会闪现在你的脑海里，你可能会感到无聊，或者你可能会遭受外部的干扰，像噪声、奇怪的气味甚至于温度或光线的变化。一旦你进入全然感知自己的想法和感受，可能会有某些东西让你在觉察状态中受到触动。回想一下你都学到哪些关于大脑的知识。你的大脑进行各种比较和判断；它非常善于评价。你的大脑有时会阻碍你成为理想中的家长；有时它仅仅是个令人讨厌的东西。然而，大脑的工作方式有其令人惊叹的地方。即使没有亲身经历某些事情，你仍可以学会某些东西。比如，你可能从来没有被火车撞过，但是你知道要远离迎面而来的火车，以免你被撞到。

一些关于想法的解释

并不是只有你自己觉得前面的练习有些困难。在 ACT 模型中，正念的首要目标是让你内部的意识流与外部的体验之间保持全然地接触，但并不尝试去改变它们。然而，有些想法可能会比其他想法更加能够吸引你的注意力。原因是你——以及所有的人类——都是语言动物，都使用语言去描述几乎所有的事物。语言可以让你做到非常令人惊讶的事情——这是不会语言的动物不可能做到的一些事情——预期未来以及追忆过去。语言可以让你去评估，将事情分为过去 / 现在、好的 / 坏的或者大的 / 小的，并做出许多其他的比较。语言使你可以把过去的记忆和对未来的期待带进你当下的意识。你（以及所有人类）倾向于体验你的想法，并且用文字的方式回应——也就是说，就好像它们是现实的或真实的。举例来说，请你想象你正在吮吸柠檬，你可能发现你已经开始分泌唾液和抿嘴唇了。或者，请你想象一些令人害怕的事情发生在你或者你爱的人身上，你可能就会紧张起来。在你这样想象时，你对这些想法的反应就像它们是真实的一样。这就叫与你的想法融合。换言之，你把自己的想法当成确确实实的、真实发生的情形去体验了。为了探索这种现象的本质，请尝试下面这个练习。

练习一下

描述 Dibotoda

请仔细地描述“dibotoda”这个词，就像你描述听到的最微弱的声音时的体验一样。

你现在可能感到很困惑。那就去留心这种困惑的感受。你感觉到它是在你身体里的什么地方了吗？你对此是怎么想的？你是否想起了一些事情？

现在我告诉你，“dibotoda”是某种外语中的一个单词，意思是“发脾气”。那现在你也许可以把这一情形做详细描述了。你可能会说它看起来像什么，听起来像什么，它给你的感受是什么，以及你想采取什么样的行动来回应。现在就开始那么做吧！在你的养育笔记中写下你的描述。

请注意，这里并没有实际存在一个正在发脾气的小孩，或者在这些书页中也没有描述一个正在发脾气的小孩，有的只是这个词本身——实际上，这只是一些原本对你来说毫无意义的字母组合。但是在我们暗示 dibotoda 在国外的语言中是“发脾气”的意思后，你就可以，并且你多半就会对此产生一种强烈的反应。也许，你体验到了紧张，或者你想象到了自己或者别人家的孩子正在发脾气。注意即使你仅仅是在描述一个词，但是它引出了一些真实的感受、想法、记忆，那些当你的孩子真的在发脾气时你可能有的感觉。这就是我们说的“把自己的想法当成确确实实的、真实发生的情形来体验”的意思。

正念地接纳和解离

正如你看到的，语言可以代替经历。“发脾气”这个词可以引发真实的感受，如挫败、生气和急躁，而这些感受都是在你真正生气时可能会引发的。通常来说，语言代替经历是非常有帮助的：它帮助我们节约时间，并且在不用直接体验事物的前提下，就可以让我们学习。比如，如果你在一个拥挤的房间中听到某人大喊“着火了！”，你就会快速安全逃离，而不是等到被烧伤或者被吸入的烟尘伤害，或者等到看到火苗或者闻到烟味时才开始逃离。然而，语言也可以让我们体验发脾气（以及各种各样的其他消极的事情）。并且你真的很难改变这一点，至少难以长期改变。那么，你可能会感到惊讶，正念到底是做什么的？如果正念不能改变那些令人厌恶的体验，甚至，正好相反，正念要让你与这些令人厌恶的体验更充分地接触，如果正念的目标不是改变任何事情，或者改变你的想法或体验，那么为什么还要练习正念呢？

为了回答这个问题，让我们回顾一下不久之前我们讨论过的一些事情。早些时候我们描述了正念的本质是不评价、不反应。为了充分地呈现你所有的体验，无论是内部的还是外部的体验，你必须发自内心地接纳这些体验。如果你能以这样的方式接纳自己的体验，并且无论你的想法是怎样的，你的情绪或身体反应多么强烈，你都能与这些体验保持接触，那么你的体验的本质就已经发生了变化。你开始觉察到你的想法究竟是什么——只是想法而不是不折不扣的事实。当你这样做时，你就能较少地被“勾住”，因为你的想法失去了控制行为的能力。思考下面的例子。

育儿小故事

“正是如此”比萨

露丝是一位单身母亲，为了改善与她孩子乔治的相处状态，她参加了一项持续几周的养育培训课程。乔治今年四岁，他经常试图通过威胁他妈妈来得到他想要的东西——通常是对他妈妈吼叫、抱怨，或者当她给他设置界限或提出要求时，他会用发脾气表示抗议。露丝学习了许多有效的技术：如何简洁、清楚、一致地给予指令，有选择地关注孩子好的行为并忽视不好的行为。她也明白乔治需要去学的，不只是简单地停止这些行为，而是要发现更多恰当表达自己的方式。然而，对她来说，在公共场合使用这些技术是非常困难的——比如，在餐厅。上周她和乔治在一家本地的连锁餐厅里吃比萨。她让乔治自己选择比萨的类型，等比萨上来后，她给他切了一块放到他的盘子上。当乔治想要尝试拿起比萨但失败了之后，他尖叫大哭，并且再也不肯吃比萨了。那个时候，露丝也控制不住自己的脾气并且回吼了他：“你自己选的，你就必须吃，就是这样！”乔治的尖叫更加激烈，以至于露丝不得不抓住他的手，把他带出餐厅。她感到尴尬，担心餐厅里的其他顾客会怎么想，并且已经想好了要因为他的坏行为而打他的屁股。她的大脑告诉她：“你作为一个母亲，真的是太失败了。而且，每一个人都知道了这个事实。”想到这些，她立刻脸红了，冲到街道上，远离了餐厅。她感到筋疲力尽、士气低落，她非常想去度假，远离她的儿子、儿子的坏行为、她自己的责任以及她的大脑给予她的连续重创。

在露丝参加了一些正念训练课程之后，她在课上以及课下练习了她的正念技巧，特别是在她与孩子互动的情境中，她拉开了与自我评价的想法的距离。她依然有那些想法，实际上她比以前会更多地注意到这些想法，但是从某种角度上，这些想法对于她来说有了不同的意味。它们已经无法牢牢抓住她，或者像以前一样将她拉进与大脑的争论中。它们的来去就像过往的云彩。

所以，露丝决定，在与乔治外出时重返那家比萨店，测试一下她的正念技术。再一次，她让乔治选择比萨。她注意到他是多么确定自己想要的是什么，他微笑着并满是感激地看着她，当她让他也点餐时，他是多么自豪。她注意到她的大脑对她说的是：“哇哦！当他再次发脾气的时候，餐厅肯定会叫我们再也不要回来了。你上次处理得那么差劲，是什么让你觉得这次事情会有所不同呢？”这些想法还和担心、害怕这些强烈的感受，以及露丝快速逃离餐厅的画面绑在一起。然而，她带着它们一起坐下，只是注意到拥有这些想法是什么感觉——它们的分量，它们对她的注意力的吸引，以及当她将自己的注意力温和地转回乔治的身上时，它们是怎么离开的。尽管她依然觉得自己的胸口和肩膀有些紧张，并且害怕乔治会不可避免地发脾气，但乔治滑稽的动作惹笑了她。她记起在他小一点的时候，他是如何期待事情“正是如此”的。她的脑海中闪出了一个想法。“乔治，”她说，“上次那个比萨，到底是哪里让你不喜欢？你刚才点了一个与上次一样的比萨。”乔治停止摆弄他的叉子，皱起眉头。“当我尝试着将它夹起来时，它软软的，并且汁滴到了我的袖子上。这感觉真的很恶心，并且有点烫到了，因为它真的非常烫。”他回答。“哦，”她说，“让我们看看，这次在我们吃之前是否能等一会儿，看它是否会凉下来，并且变得不那么滑了。这是不是一个好主意？”“是的！”乔治高兴地说。当比萨送上来后，露丝通过玩几分钟的游戏，以及指认墙上的图片来分散乔治的注意力。当他们开始吃时，比萨已经变凉和变脆了，然后乔治有滋有味地吃完了一块后，又吃了半块。

露丝的正念技术有成效了——她能觉察到更多体验，而不仅仅是消极的体验。她用开放的心态体验和乔治一起吃比萨，并且设法不让麻烦的想法“勾住”自己，这时她能以一种从未有过的方式处理这种情形。当露丝接纳了她体验到的所有方面时，新的想法就出现了。

以己为景：解离以及作为观察者的你

如果你坚持不懈地练习正念，你就会很清楚地意识到，你不是自己的想法、情绪和身体反应的总和。这就是我们在前面提到过的“以己为景”的概念：存在一个作为观察者的你。当你与自己的想法和情绪融合时，你就意识不到那个“作为观察者的你”。然而，当你练习正念觉察时，你的想法和情绪更像是正在播放的场景中的内容——你可以欢迎并且承认它们，然后让它们离开。那个作为观察者的“你”是稳定的、根深蒂固的、始终如一的。也正是这个“你”，选择了你应该怎样体验你的想法——是作为不折不扣的事实，还是作为不可避免的、千变万化的心理活动。

一种帮助区分“你的想法”和“在体验这些想法的你”的方法是想象一个棋盘。你——或者，更加具体的，那个“作为观察者的你”——是棋盘。黑色棋子是你不想要的想法和情绪，白色的棋子则是你大脑的防御系统，它们忙于与这些想法和情绪争论并且努力地反驳它们。当你与你的想法融合时，换句话说，当你认为它们是真实的，并且它们加在一起就是你时，那你就是站在棋盘上，站在棋子们的战场中央。但是当你进行了正念练习，并且开始与你的想法解离，那你就是棋盘本身——稳定、始终如一，你会从远处观看这场战役，并按照它真实的面目去体验它：你头脑中的想法无穷无尽，也许令人不快，但是那只是大脑活动罢了，不具有真实的伤害性，它们并不能代表你自己。

解离和心理灵活性

随着你越来越适应正念技术，你可能会注意到，出现的不再是回避策略（例如，在露丝的案例中，就是逃离那个场景），而是更多的选择。并且，正如我们所知的，在选择的时候还有了更大的自由。在第 4 章中，我们谈论了行为功能分析技术，即，注意到是什么导致了某种行为，并且是什么行动（或结果）使得这些行为得以维持。在练习了一些正念之后，露丝能更好地评估是什么导致了乔治的不当行为，从中学习，并且改变了她的策略，因此他们第二次比萨店之行就没有出问题。

在更广阔的觉知下，基于有意识的选择进行有效行动的能力，通常被称为心理灵活性。当你与不想要的想法或感受融合时，你的行为通常仅仅集中于一件事：去减少或者停止这种体验，或者去压抑你的想法或感受，或者在实际上让身体回避或逃离能引发这些想法的外部事件。不论是哪一种情况，你可能会记得，这叫作经验性回避（参见第 1 章和第 4 章）。当你采用经验性回避来应对你的想法和感受时，你可能就会选择你最熟悉或者最典型的反应方式来应对当下的情境，而你的这些反应都是固定的、僵化的，并不能帮助你有效地实现目标。比如，如果露丝卷入了经验性回避，她可能就像一个坏了的复读机，重复她之前在比萨店里做的一切。在“正念养育”一节，我们将会讨论如何使用你正逐步形成的正念技术，并且以一种灵活、积极的方式帮助你建立——或者重建——你与孩子的关系。

正念养育：欣赏你的孩子

当你的孩子有不当行为，比如，跟你顶嘴，或固执己见时，家长不喜欢待在孩子身边。听上去是不是很熟悉？因为互动是如此的令人不快，你可能就会缩短与孩子在一起的时间，以及让你们的谈话变得简短，你可能会感觉如履薄冰。上文所举的露丝和乔治的案例就是如此。

另外，当年幼的孩子感到受拘束，或者对事情感到焦虑时，家长的反应通常也不一样。想想你自己的反应。如果你自己容易焦虑，那你可能会发现你很难忍受孩子在焦虑中挣扎。因此，你可能会介入，并加以控制，以便更好地管理孩子的感受。比如，如果你的孩子在拼一个困难的拼图时遇到了困难，你可能就会上手帮她完成，因为这样你和你的孩子就可以不继续体验负面情绪了。然而，这会产生一个消极的结果：它会阻碍孩子发展出独立学习、应对不同情景的能力。而不焦虑的家长则往往会更灵活地处理这件事。

然而，即使你的孩子没有在焦虑，某些发展性问题也可能会造成挑战性的情境（参见第 2 章）。随着你的孩子变得更加自主并尝试突破限制，或者即将上学，你不可避免地要面对各种必须去面对的压力情境。而养育只是你生活的一部分。你可能有许多不同的职责并体验着各种压力源——来自工作、财务、其他关系或者你自己情绪上的困难。所有的这些情境都能创造出一个语境，一个使你感到心不在焉、心事重重，或者与孩子一起的时候心并不完全放在孩子身上的语境。当这样的情况出现时，你可能会陷入条件反射式的养育行为中，并对孩子产生消极、狭隘的预期。

当这种情况发生时，你与孩子的关系可能会被改变。如果你关注于消极行为，你可能会将自己的孩子看成是一系列有待于解决的问题。很多家长都会经历这一段时期，所以你并不孤单；这些时期通常都难以被承认，更不用说去跟人谈论了。你可能会发现自己依赖于控制策略（参见第 4 章）。很不幸的是，就像你在本书中前面的练习部分中看到的那样，这样的策略通常都是不起作用的。情绪控制策略或者经验性回避会使得你将几乎所有的注意力都聚焦于你的想法和情绪中，并且与之融合。结果会怎样呢？你将不能把你的孩子看成一个完整的、完满的、令人惊奇的小生命。例如，你可能会陷入对过去事件的思考中，或者想你的孩子下一次又会做错什么，或者如果他再一次做出不良行为之后你会有什么感受。你的思绪可能被其他事情占据——比如工作、社会责任、财务或者其他关系——从而不能完全存在于此时此地，与你的孩子在一起。思考下面的话：

> 如果我们不是完全的自己，不真实地存在于此时此地，那么我们就会错失一切。当一个孩子带着他的微笑出现在你面前时，如果你不是真正地存在于那里，而是想着未来或过去，或是沉浸在其他问题中，那么，对你来说，孩子也不是真正地存在于这里。活着的技巧是回到你自己身上，这样孩

子的出现就像是一个美妙的现实。然后，你就能看到他的微笑，并且拥他入怀。

——一行禅师

把你的孩子视为一个完整的人

当你在生活中或与孩子在一起的时候遇到了挑战，你会发现很难去觉知更为宽广的体验。比如，你可能会注意到孩子的不良行为，而忽视了他眼睛的颜色、他是如何看着你的、是什么触发了他的行为或者你对他的行为做何反应。在与孩子在一起的时间里培养正念技术，是一个开始建立——或者重建——这种失掉的觉知体验的方法。

现在、过去和未来

我们的大脑，以及我们用来沟通交流的语言，能立即把过去和未来带到当下。当我们学着就在当下，心怀正念（不带评判）地体验我们的过去和未来时，我们就能以它们犹如真的正在当下发生一样去体验，并且自始至终，以一种全新的、开放的方式来看待它们。当我们立足当下，有意识地向过去和未来敞开心扉，新的可能性就会出现。比如，你的孩子可能在完成幼儿园的任务时遇到了困难，而你可以想象她参加大学毕业典礼的样子——那么当下，尽你最大的努力确保她在学业上能得到所有需要的帮助，最终确保那一天真的到来。

现在请尝试下面的冥想指导语，看它会将你带去哪里。先通读一两遍，这样你在练习的过程中就不用再返回来看书了。

练习一下

回顾那个时刻

找几分钟的时间做一次安静的回顾。坐在舒适的椅子上并且闭上你的眼睛。

把你的思绪带回在你的孩子刚出生那段最早的记忆中。将你带回当初那个自己的身体里。注意孩子那小小的身体、轻轻的体重、散发的气味、娇嫩柔软的皮肤。将你带回那一刻，并且注意你有何感受——可能是快乐的、平静的，或者对这个全新的、神奇的小生命的敬畏，以及对新责任的恐惧。

注意到这个小小的、脆弱的但又非常茁壮的小孩，与今天的他是同一个人，因为他，整个世界将会打开无限的可能。随着他的成长，看看你现在是否还能看到他最初的面容。看看你现在是否还能在他的脸上看到最初的痕迹。他现在仍然怀有你当时感觉到的脆弱和力量。随着你回到当下，看看你是否能以一种慈悲的方式，为那份脆弱和力量腾出一个空间。

与孩子建立关系的技巧

你做完前面的练习后有何感受？无论你的孩子现在做了什么，你是否可以在你的意识中，温和地保留对孩子的那些丰富的、完整的体验？正念觉察的一部分就是要注意到体验的连续性：当你的孩子和作为家长的你在挣扎时，在最糟糕情境下的那个你，和在最好情境下的那个你，都是同一个人。能够帮助你在你的意识中保持住这种理解的方法之一就是：充满慈悲地预期你的孩子下一次的良好行为。家长往往会预期最坏的情况，特别是在他们具有很大压力的时候。你没必要相信这会发生在你的孩子身上——实际上，如果你与你的大脑争论这会发生还是不会发生，那你就已经离开当下，进入假想的未来了。然而，你可以选择的是，在知道有这些想法存在的情况下认定：我的孩子接下来能做好。如果你脑海里充满了消极的想法，比如令人不快的记忆或者对于未来的担忧，那就承认它们，然后温和地将你的大脑带回当下。我们将会在下面的练习中给你一些建议，帮助你保持对这些想法的觉察，以及“熟练地注意到”孩子的各个方面。

许多养育培训项目都包含了旨在改善亲子关系的活动。我们相信如果家长在做这些训练活动的时候有学习使用正念觉察技巧，那这些活动可能会更有成效。获得对孩子更丰富的觉察的方法之一，就是在与孩子的愉快互动的过程中练习正念。（在下一章，我们会谈论更多可以用在亲子交流比较困难的情境中的正念技术。）

练习一下

只是与你的孩子在一起

这是一个持续的正念练习，或者说正念实践。每天空出一点时间，即使只有 10~15 分钟，与你的孩子在一起。你可以称它为给孩子的“特殊时间”。如果你还有其他孩子，选择一个他们另有安排或者有同伴、配偶或朋友照顾他们的时候。尽量提前计划并明确你的时间表是很有帮助的，这样你就不会被打断，也就不会因为必须去承担其他的责任和义务而无法执行。请确定一段一天中对你与孩子来说最合适的时间（比如，在小睡后或者饭后，但不是在他最爱的电视节目播出期间或者与兄弟姐妹、邻居朋友玩耍的时间）。

在这段时间内，让你的孩子选择任意一种他喜欢的活动。如果你的孩子还比较小，2~4 岁，那你给他两三个活动让他选择可能会比较有用。对大一点的孩子（大于 5 岁），比较合适的操作是让他们自行从各类玩具或游戏中独立选择他们自己喜欢的。当孩子做出选择之后，就陪他一起玩。跟随孩子的引领，忍住不去提问、给指示或者做消极的评论。而是练习去注意在那个情境下正在发生的一切——你的孩子在做什么、他的目标是什么、他说了什么话、他的表情看起来是什么样的、他看起来感受如何。同样，去注意你的体验——你的想法、感受和情绪。随着你的注意的流动，练习像一个运动会解说员那样，跟你的孩子解说你注意到的事情。比如，如果你的孩子是在沙箱里玩卡车，你可以像这样对他所做的事情进行陈述："你开的红色卡车跑得真快！它是一辆消防车，现在正在爬上沙丘，然后向城镇开去。我看到了这里还有一些建筑物和其他的一些汽车。肯定是这里着火了。哇哦，那辆消防车可真忙！"回顾并且扩展孩子说过的话。对孩子可能有的感受做出陈述。比如，基于上面的例子，你可以说："拥有一辆跑得这么快的消防车，你肯定很开心！"可能你的孩子会回答说："我想要救出那些着了火的房子里的人。"你可以回答说："你跑得很快，要去救那些人。你是一位非常勇敢的消防员！"最重要的是，去听，完全听进去。

曾经有一位佛教徒说过这样一句话，翻译过来大概是："不要说话，除非它比沉默更有用。"练习全身心地与孩子在一起。不要尝试着去改变或者解决任何事情、帮助或者重新引导。这里不需要做什么，仅仅在这里，欣赏此刻的圆满。随着时间的推移，你可能会注意到你与孩子的互动质量可能在改变。你可能更多地按照事情本来的样子去看待它们，而不是立即做出反应——比如，你的孩子把整个柜台都倒满了果汁，这并不让你感到生气，你甚至能从中发现某些趣味。这就更容易让你与孩子找到更多的乐趣，并且开始让你觉得这段时光更加丰富，因为你能正念地看到自己有很多重不同的体验。

正念地鼓励好的行为

我们在前面提到，练习正念并不意味着静止或不行动。实际上，在我们的一系列练习中，你是在各种不同的情境和活动中练习正念。现在你将能够非常有目的地练习你的正念技能——鼓励孩子的良好行为。尝试下面的练习，看看如何实现这一点。

练习一下

小赞扬，大作用

即使在孩子最糟糕的时候，他总还是会在某些时刻做得不错。花上几分钟的时间回想一下，在孩子做的事情中，你希望他更加频繁或者更为坚持去做哪些行为。根据孩子的年龄，你可能会选择有礼貌、分享或者帮忙做家务等行为。当你想出来这类行为后，请尽量将这些行为描述出来，这样任何一个观察者去观察，都能判断你的孩子是否在做这些行为。比如，为了清晰地描述你期待的行为，你可能会写下“与朋友分享玩具”，而不只是简单地写“分享”。在你的养育笔记上写下三个类似的行为。

如果你和大部分家长一样，你可能花更多时间去注意孩子的不良行为而不是积极行为。毕竟，你可能希望看到你的孩子做他应该做的行为，并且希望看到他几乎不需要任何奖励就会去做。但是看看你对以下这些问题是怎么想的：你愿意免费工作吗？如果你有雇主，你更喜欢为那些让你知道何时做得好的人工作，还是为那些似乎没有注意到你做的工作的人工作？同样的道理，你是怎么知道或者怎么学习工作中的必备技能的呢？孩子也需要几乎相同的引导。当行为被注意到并且得到培养，它们就会变得更强大并更加频繁地出现。这个过程被称为强化（参见第 4 章）。而那些没有被注意到的行为可能就会弱化并消失。

看看你在一天之内能否正念地注意到你的孩子表现出你上面列出的那三个行为。每当你的孩子做出了其中任何一个行为，你就做以下事情：

1. 说“某事做得真好”或者“我真的很喜欢你做某事的方式”确保你有具体表述。让你的孩子明确地知道他做的事到底好在哪里，这会有利于帮助他明白将来要怎么做。比如，当你的孩子把餐具放在水槽里，一定要说："餐具收起来了，这非常好。谢谢你！"这比你只说了"做得好"或者"谢谢"会更有效。

2. 真诚——不假装。看看你是否能真正地与你的孩子待在此刻，看着他的眼睛，赞扬他。

3. 如果期望的行为与不良行为一起出现，看看你是否能聚焦于好的行为并且对其做出反应，而对不良的行为保持正念的态度并不做反应。比如，如果你的孩子愿意与他人分享，但是一开始是抵抗和抱怨的，你可以忽视最初的不情愿，而赞扬分享的行为。

在这里说的技术被称为"具体赞扬"，它有助于塑造孩子的积极行为。一开始，在孩子每次做了一个特定的行为之后就赞扬他，特别是那些他平时很少做的事情。看看你是否能注意到，你赞扬了之后，你的孩子做这些事情的频率、强度或意愿上有何改变。

正念地处理问题行为

当你与孩子处于艰难的互动中时，要保持正念的立场是非常困难的。尽管如此，如果你能自始至终保持正念，并且在不同情境下练习正念，你就能培养这种能力。我们在这一章中给出了系列练习，你可以先从简单情境开始练习正念觉察，比如在呼吸或者静坐的时候。现在尝试着逐步把练习扩展到你正在做事情的情境中——走路、烹饪、购物、与孩子一起玩耍，甚至在处理孩子的问题行为时。

记住，正念是对你的以及孩子的体验的所有方面的一种非评判的、慈悲的、接纳的觉察，并不试图去改变它们。实际上，正念的目标是增强你的心理灵活性，即在一系列可能的行为中选择能为你的价值服务的那个行为的意识和能力。

总结

在这一章中，我们讨论了正念技术的使用。正念分为几个组成部分，包括对经验的描述、有觉察的行动、对体验的接纳以及不做反应。在 ACT 中，以己为景（即，作为观察者的你）、解离以及接触当下都是用来培育正念的。本章中的这些练习能帮助你实践新的正念技术，它们也会随着时间和实践进一步发展。最后，我们为你提供了一些使用正念技术的机会，来帮助你建立与孩子的关系，并且鼓励好的行为。

在下一章中，我们将会讨论正念在愿意和承诺行动这两个领域的使用。我们同样会解释正念是如何让你更好地践行你的价值的。最后，我们将会给予你如何应对孩子的不良行为的建议。

第 6 章

做有效而非容易的事情

用实际行动支持孩子

在去往真理的路上，人们只会犯下两个错误：知难而退和从不开始。

——释迦牟尼

要么行动，要么放弃，没有试试一说。

——尤达大师

学习使用本书介绍的技能时，从理论上理解或在阅读时想想如何使用它们是一回事，将它们转化为积极有效的实践是另一回事。你可能有很多其他的事情要做，让你觉得自己每天并没有足够的时间来实践学到的内容，或者你可能会与你的大脑争论你和孩子拥有什么样的可能，或者这个事情是否值得做。也许在做第 5 章的练习时，你已经注意到了，与你的头脑争论只会阻碍你真正开始练习技能的尝试。当这些或其他体验导致你偏离既定的轨道时，请回忆在你和孩子的关系之中你想要践行的价值究竟是什么。然后，在将阅读得来的知识付诸实践时你难免会有一些想法和担忧，请觉察和欢迎它们。当你阅读本章时，请让这些想法和担忧与你待在一起。无论你想到什么或感觉到什么，让它们自由地来去，而你仍根据你的价值方向选择如何养育。

对于所有家长来说，练习新技能都很困难，特别是在有压力或在生活发生转变的时期。但是，任何养育技能，无论你学习的是哪个流派，那些方法有多激动人心，或者你学得有多么好，如果你不积极地使用它们，都毫无用处。因此，你面临的选择，就像尤达说的，是“要么行动，要么放弃”。做什么选择，这完全取决于你；但是，当养育让你心力交瘁的时候，你可能觉得自己根本没有选择。当你觉得自己的行为是“就这么发生了”，或者你“必须”用某一特定的方式养育，你的价值和基于价值承诺的行动就消失了。因此，在本章中，你将学习如何意识到选择的存在，并做出与你的价值一致的选择。我们将强调“愿意”和“承诺行动”这两个概念，并教你如何带着它们去承受与孩子互动时的挑战。在实现这两个概念的过程中，我们将教你一些有效的策略，用来应对孩子的不良行为。

愿意：抱持你真实的体验

愿意就像允许自己去思考自己的想法和感受自己的感受，而不试图去改变和控制它们——无论它们看起来有多好或是多坏。愿意还意味着放弃与你无法改变的生活环境抗争。愿意通常是为某些重要的可能性服务的。例如，允许自己感到内疚可能对你很重要，因为这样就不会每次孩子一发脾气你就服软。只要你愿意，你可以教给孩子一些更有效的行为，而不仅仅是做那些消除你的内疚感的事情。

所以，更确切地说，ACT 中“愿意”一词在养育领域里的意思是：在实施特定的养育策略时，接纳可能会体验到的一切想法和感受，而不与之抗争。这能在很大程度上帮助你在经历痛苦的想法和感受时仍然始终如一地践行你为自己和孩子设定的价值。为了说明我们说的愿意是什么意思，请完成以下练习。将你的答案写在你的养育笔记中。请记住，你的大脑会将过去和未来带到此时此刻，如果你能秉持正念，你也许会学到新的东西。

练习一下

觉察挑战情境下的愿意

1. 请花一点时间回想你最近和孩子相处时遇到的一个具有挑战性的情境。

2. 闭上眼睛，让自己回到那个情境中。试着再次感知到这个情境中的各个方面：你正在哪里？和谁在一起？周围发生了什么？你的孩子正在做什么？你想到了什么，感受到了什么？

3. 让自己抱持所有这些体验，不去抵抗它们或以任何方式改变它们。这些体验可能对你和你的孩子都有重要意义。

这个练习给你什么样的感受？回到与孩子相处困难的情境可能让你非常不愉快，所以我们想要肯定你在做这个练习时的勇气。尽管你可能还不知道，通过做这个练习，你已经迈出了重要的一步——以一种更具开拓性的、更有可能有用的方式来理解这些困难情境。我们在第 5 章谈论到与孩子正念互动的质量时，已简要地提到这点，我们将在本章后面再回到应对这些困境的正念之道。

正如我们前面提到的那样，不同的语境（时间、地点、情形）会影响你应对孩子行为问题的难度，和你是否愿意去处理。例如，你可能会发现和在私下场合相比，在公共场合应对孩子的问题行为更难。或者，如果你不确认自己要什么或对自己的技能没有信心，你就可能不那么愿意应对孩子的问题行为。你与谁在一起以及你在其他生活领域（如与伴侣的关系、工作或财务）的忙碌程度也可能会影响你的愿意程度。因为认识到语境是如何影响你养育的行为对你来说是很重要的，所以让我们花几分钟完成下面这个简短练习。

练习一下

影响我的愿意程度的语境

请找出 5 个情境或状态，在这些情形下你更愿意或更不愿意去应对孩子的行为。将它们按照应对的困难程度由易到难排序，最容易的写 1，最困难的写 5。把这个清单写在养育笔记中。

愿意是一个选择，不是一种感受

在上面的练习中，你去思考你在这些情境中的意愿程度，并以此排序时，你可能会觉得愿意是某种感受。有时，很容易就会愿意——例如，在孩子完成重要成就时为之骄傲。但在其他某些情况下，似乎就难以愿意。例如，当一大群人看到你的孩子哼哼唧唧时，你的那种尴尬似乎就不是你愿意（甚至不能）去经历的。换句话说，你可能在不同的情境、场合、人面前，会产生应该去处理孩子的行为，或者去忍受那个行为的感受。然而，尽管愿意的确包含你当下的感受，但它不仅仅是感受。你可能会感到愿意或不愿意。这都没有问题——这两者都与你选择做什么没有太大关系。换句话说，你可以感到愿意但不行动，也可以感到不愿意但仍然选择行动。这有点像你在开车，而你的后座有一个吵闹的司机在大声喊着行驶方向或批评你的驾驶行为。如果你正在开车，你可以忽略后座的人，前往任何你想去的方向。毕竟，这是你的车，不是吗？

当然，这个“后座的司机”在做的是你的头脑能为你做的最好的事：试图保护你免受伤害。然而，你的头脑——如果像其他大部分人的头脑一样——可能会更倾向于安全行事，试图保护你，让你不受损失，而不倾向于为了取得重大胜利而冒险。一个可能的“重大胜利”可以是你与孩子的良好关系或者你的孩子的行为得以长期改善。而你需要付出的“损失”可能是：你会感到尴尬，或者你在短期内会体验到孩子的抗拒。当你选择在被保护中免受损失而不是追求重大胜利时，你实际上经历的损失也许比你认为可接受的程度多得多。

这是如何影响到你的孩子的呢？比如，为了阻止不良行为，你不得不对孩子进行计时隔离；但是你知道，如果你这样做，他可能会大发脾气。他发脾气会使你感到尴尬。当你考虑你关于要不要进行计时隔离的选择时，你的大脑开始发挥作用，告诉你：其他家长会笑话你；你会感到羞耻；如果你的孩子发脾气，这就意味着你是一个糟糕的家长，等等。你的大脑可能给你列出一整个清单的理由来说明为什么你不应该对孩子进行计时隔离，以此让你免于遭受这些想象的（当然也可能是非常真实的）体验。然而，你将失去的是你对孩子行为的有效管理。除此之外，不进行计时隔离，你可能还帮助行为进一步恶化。也许，你应该选择进行计时隔离，因为这是你朝着价值承诺行动的一部分。我们将在本章后面的部分回到承诺行动。现在，请你思考一下：如果你看重某些东西，比如，教你的孩子遵从重要的规则，或者教她用合适的方法表达她的愿望，那肯定要有相应的行为来实现这些价值。你选择承诺去做那些行动，然后无论多难也坚持完成它们。因此，我们有的时候把愿意称为行动。尝试下面这个冥想练习，去体验把愿意作为行动的感觉。

练习一下

开车去上学

请通读一到两遍练习指导语，当你准备好的时候，开始。

请找到一个舒服的姿势。闭上眼睛，或者注视墙上或地板上的一个点。做几次深呼吸。觉察空气是如何被吸入和呼出的，注意你的胸部和腹部是如何随着你的呼吸起伏的。

现在请转移你的注意力，去想象你在开车送孩子去上学。想象你的孩子必须在早上 7 点 45 分前到学校，并且她没有其他方法去学校。看看你是否能描绘出你们两人同时在车上的情境。想象你早晨上车前的所有步骤——起床，把她叫醒，吃早饭，确认她关掉了电视，并且穿戴整齐——按照你们平时的流程。温柔地留意，当你想象这个过程时，出现的任何想法和感受。

现在想象你前一天晚上 9 点上床睡觉；你睡得很好，早上 6 点自然醒来。你慢慢喝完两杯咖啡，读报纸或者看一些电视上的娱乐节目。你心情很好。注意一下你开车去学校是怎样的感受。

现在，把你的注意力转向完全不同的一天。想象你整个晚上都翻来覆去睡不着，你还有很多工作没做完，而且孩子的老师让你去趟学校。注意此时开车去学校，你是怎样的感受。

依然停留在你没有睡好，非常疲惫的那一天，这一次，请扩展你的注意力，去回顾让孩子接受教育的意义。花一点时间，让自己确认你是为此而每天按时送孩子去学校的。现在请再次想象你起床，完成早晨的例行事项，和她一起上车。觉察当你把自己的注意力放在这些事件上时，出现了什么想法、感受、身体感觉和回忆。看看你是否能带着它们一起驾驶。因为你更看重孩子的教育，所以允许它们作为乘客同行吧。

最后，请注意：不管你想到什么或是感觉到什么，你都能上车并开车去学校。有的时候这么做会比其他时候感觉更容易。记住，愿意不仅仅是一种感觉，更是一种选择。

愿意通常包括一系列独立于你的想法和感受的，与价值一致的行动。你选择的行动应该是实实在在地——而不是表面看上去如此——在帮助你走向自己看重的方向。下面这个故事展现了愿意在一个相当常见的养育情境中可能是什么样子的。

育儿小故事

和小朋友们一起玩：看似帮助与实际帮助

乔伊斯的女儿切尔西 6 岁了，在一所新学校里念一年级。切尔西向妈妈表达了一些担忧，说她不知道在操场上怎么加入别的小朋友一起游戏。她有几个朋友，但并不多。

乔伊斯向心理学家诉说了切尔西的担忧，临床医生建议，给予切尔西更多机会去学习发展适宜的社交技巧——例如，开启对话，礼貌询问能否加入游戏，当她选择不参与游戏时礼貌地拒绝。总之目标就是帮助她交到朋友。而作为家长，乔伊斯将自己的价值定义为支持切尔西发展有意义、平衡的友谊。

每天放学后，乔伊斯会带着孩子逗留一会儿，让切尔西有更多的机会去观察、参与小朋友的社会性游戏。但是，每一次，当她看到女儿在游戏中挣扎，退出游戏，或者因感到委屈而退缩时，乔伊斯就会介入并试图控制局面。

她会把女儿拉出这个情境并告诉女儿下面该怎么办，或者她试图插入小朋友的对话，使得她能够掌控局面。这已经成为一种模式，这让切尔西的老师对乔伊斯的行为很生气。老师花了一些时间向乔伊斯表达自己的顾虑。老师指出，这样做打断了小朋友的玩耍，实际上妨碍了切尔西发展出自己的社交能力，因为它阻碍了切尔西独立尝试新的事情。

老师还觉得这也给了切尔西一种想法：如果没有妈妈的帮助，她就没有能力让自己感到舒服，也没有能力社交。乔伊斯对此感到愤怒，并对教师采取对抗态度。她向其他家长诉说了她的不满。在这之后，当她试图约其他小朋友和切尔西一起在学校外玩耍时，不少家长都礼貌地拒绝了乔伊斯。而操场上的切尔西变得越来越孤独，也越来越焦虑。

看似愿意与实际愿意

乔伊斯试图帮助她的女儿。尽管乔伊斯描述的价值是帮助切尔西发展有意义的友谊，但她选择的行动可能实际上阻碍了其发生。你可能注意到了：她的养育策略更多的是免除她的女儿感到的不适——或者，甚至可能是为了免除自己因为看到女儿不适而感到的不适——而不是支持切尔西发展自己的社交技能。看起来乔伊斯是愿意去接受自己的（和切尔西的）内在体验的，因为她在努力创造孩子的成长机会。但是，她的愿意是有条件的：当她感觉一切进展顺利的时候，她才愿意提供机会。如果真正愿意，乔伊斯应该在不论自己和切尔西当下的感受如何时，都把注意力放在继续支持女儿发展其社交技能之上。更有益于她女儿的方式是：相信切尔西能够独立解决问题，不需要过度保护自己的感受。具有讽刺意味的是，如果作为妈妈的乔伊斯退后一步不去介入，那对她来说，这看起来，抑或在感受上，就像是自己毫无用处一样。在这个例子中，我们清晰地看到了在走向价值方向时，

“看似帮助”和“实际帮助”之间的差别。“看似帮助”的结果是，尽管乔伊斯用心良苦，实际情况却比之前更糟。这背离了乔伊斯的价值。

作为家长，你将会有很多机会选择是以看似愿意还是实际愿意的方式去追求价值。为了检测你选择的行动方案是否与你的价值一致，你需要辨别这究竟是“看似愿意”还是“实际愿意”。为了区分这两者，你需要回顾在第4章学习到的行为功能分析技术。这个时候，你的大脑对你来说会非常有用。回想你在本章前面的练习中列出的影响自己愿意程度的语境清单。你列出了一些情境，在其中一些情境下，你不那么愿意去体验自己当时的想法和感受。从清单上编号为3、4、5的情境中挑选一个。现在，请花一点时间想想在所选情境下看似愿意的行动是什么样的。首先，你需要定义与这个情境相关的价值。接下来，在你的养育笔记上写下朝向价值前进的三个行动。然后，设想一下你已经完成了这三个行动中的某一个时的情境，允许你自己进入那个情境，写下你在完成这个行动前和行动后都会发生什么。这会为你和你的孩子带来什么？让这些前因和结果帮助你理解这一行动的功能。如果它的结果是你在他人眼里看起来不错，或者如果你做这个是为了回避不好的感受，那你的行动可能就只是为了看似愿意。如果结果是你觉得你做了对自己和孩子而言很重要的事情，那这很可能是实际愿意。有时你会注意到，实际愿意依旧看起来或感觉起来很糟，所以你不能基于你感觉如何或当下结果是什么来决定你是否愿意。因此，愿意去做与价值一致的行动并不意味着：

- 你不会犯错误；
- 如果你犯了错误，你就失败了；
- 你在行动前得先确定好要做什么。

注意，活力和重要性并不会自然带来愿意，也不会使愿意自动产生与价值一致的行动。

愿意常常是全或无的

行为功能分析揭示了你的养育策略中的什么呢？可能你了解到了你养育中的不一致性——也就是说，你因为不同的原因，在不同的情境下做不同的事。或许，你会发现这种实际愿意进行一致性养育的能力是你会日益增强，并总有一天完全掌握的能力，就像正念觉察能力一样。尽管你已经识别出了在不同场景下你的愿意程度有高有低，但是，理解愿意的实质是“全或无的”也很重要。记得在第 3 章介绍过，“勇敢地跳吧，接住你的网会出现的”吗？愿意就是这个跳下去的选择——无条件的，毫不迟疑。没有部分愿意的说法。养育中尤为如此！养育时，在各种各样的情境中表现一致是极为重要的，我们将在下面的故事中看到这一点。

育儿小故事

我现在就要！

扎克正在处理他那今年四岁、总喜欢提要求的儿子泰勒的问题。过去，泰勒很少礼貌地寻求想要的东西。相反地，他会说“我要这个”或者“快点给我零食！”之类的话。他对他的爸爸、老师和其他小朋友都是这样。学前班的老师告诉扎克，泰勒的行为中断了他与其他小朋友的玩耍，更多时候泰勒是自己在玩。

所以，现在当扎克在家的时候，他要确保在给泰勒他想要的东西之前，泰勒说了“请”，并且使用了礼貌的语气。如果泰勒不能得到他想要的，扎克无论如何都得坚持他的立场。有时泰勒会发很大的脾气，躺在地板上，扔他的玩具，或者对扎克大叫。这对扎克来说非常煎熬，但是他没有屈服。

有一天，扎克带着泰勒去参加一个聚会，他的一些同事也带着他们的孩子一起去了，甚至他的老板及其家人也在那里。一开始万事顺利，直到泰勒拒绝吃肉，坚持要吃冰激凌："不！我不吃汉堡。要冰激凌！爸爸，我要冰激凌！"扎克试图说不，并且想要安静地把泰勒带离满是冰激凌的冰柜，但是泰勒栽倒在地，同时喊叫得更大声了。人们纷纷注目，低声窃笑着。

"泰勒，请停下来。"扎克吼到。"不，我现在就要冰激凌！"扎克看到他的老板把头偏向他们的方向。他的大脑开始快速运转：我的老板会怎么想？泰勒让我看起来很糟糕！扎克感到暴怒和绝望。接下来会发生什么显而易见——快让泰勒停下来吧。"好，"扎克说，"就这一次……如果你安静下来！"他给了泰勒一个冰激凌。

愿意是一致性养育的关键点

这可能是一个你和大部分家长都会经历的典型情境。对于扎克，他坚持给泰勒设定界限的意愿是有条件的，换句话说，当并不是很艰难的时候，他才愿意。当事情变得相当困难的时候，像所有家长一样，扎克会放弃自己一直坚持的养育策略。奥地利诗人赖内・马利亚・里尔克曾经写过，"新手，在生活中并不会被给予专门的课程；生活，总是会立即给予你最棘手的事情。"不幸的是，对家长来说，这真的是再正确不过了，而且证明了愿意的"全或无"特质。在扎克的案例中，有条件的、间断性的坚持和屈服会使得泰勒的不良行为变得更为持久和强烈。这是因为，泰勒提要求这一行为带来的结果是他得到了他想要的。因此，下一次，扎克对儿子的需求说不的时候，泰勒会大发脾气并且再次要求，因为上一次起效果了。扎克不一致的养育也让泰勒更难习得规则。所以，作为家长，有条件的愿意会强化那些不想要的孩子行为。我们将在后面的章节中回到一致性养育的重要性上。请完成下面的练习，探索自己是如何使用养育策略的，也许，你也在有条件地愿意。

练习一下

有条件的愿意的结果

看看你之前列出的影响你愿意程度的语境。一次一个，思考清单上的每一个语境。关注在最简单和最困难的情境下，你分别是如何做出反应的。记录下在你对每一个情境做出反应时的相似与不同之处。

花一点时间思考这些行为将你带向何方。它们是带着你走向价值还是远离价值了呢？花一点时间记录下你的反应——以及你对此的想法和感受——写在你的养育笔记上。

史蒂文·海斯和他的同事在1999年写道，愿意是“承诺行动的首要条件”。失掉了愿意这一基本要素，你就不可能做出有意义的承诺来贯彻执行某件事。正如你看到的，愿意在各种各样的语境下对有效的、一致的养育都是至关重要的。在下一节，我们将讨论承诺和承诺行动，你会发现在任何情况下都支持你的孩子这一承诺将包含什么。

承诺行动：在生活中践行价值

愿意的意思是为了服务你的价值而选择做出承诺。当你看重某一点，例如要教孩子用适当的方式表达她的需求，肯定要伴随相应的行动。你选择采取这样的行动，哪怕做起来不容易。因此，承诺行动是做那些让你达到与价值一致的目标并朝向你关心的方向前进的事情。承诺是无条件的：这指的是当你不知道这样做会带来什么样的结果，甚至当你曾经这样做但结果不如人意时，你依旧采取带你朝着你关心的方向前进的行动，成就自己与孩子。例如，你能够承诺每天送孩子去上学，即使他成绩不及格并且老是惹麻烦。但是，一旦你选择做出承诺，你将不可避免地面对你想要回避的体验。或许，在完成前面的练习时你已经体验到了。就像你在完成练习时感到的不舒服一样，这种不舒服在我们之前呈现的那个故事中也有体现。

一致性养育非常重要，这是真正支持你的孩子，实现你对他的期望，并且增进你们之间关系的方法。例如，你的价值是帮助孩子拥有充满爱的友谊，并成为一位不错的朋友。你知道，在去往这个价值方向的路上，会有许多更小的、更具体的行为目标。比如，你可能计划出玩耍的时间，花时间在孩子的教室里观察她的玩耍过程，并且支持孩子发展和朋友沟通协商的能力。或者，你可以给孩子一个消极后果，如计时隔离，或者因为孩子欺负他人或过于小气而取消她一项优待。某些小目标可能需要你付出代价：你的时间，忍受看到孩子被拒绝或者被冷落时的焦虑，忍受看到孩子对其他小朋友不友好时的尴尬，或者代表孩子与其他孩子的家长交谈时感到的不安或不适。这些都会给你带来挑战——你是否仍然愿意？

承诺行动的障碍

有四个因素会影响你在追求价值时的承诺——融合、评价、回避和找理由。每一个因素都可能是你追求价值之路上的障碍。例如，与“我是一位糟糕的家长”这个想法融合可能导致你忽略与孩子的积极互动。同样地，找理由——如，我没有开车送她去学习是因为她应该更早起床，乘公交去学校——可能是你为自己不送孩子去学校而找寻的正当借口。一个帮你记住这些因素的一个好方法是记得下面所呈现的 FEAR——这四个因素英文名的首字母组合：

- 与你的想法融合（Fusion with your thoughts）
- 评价你自己或者你的体验（Evaluation of yourself or your experiences）
- 经验回避（Avoidance of experiences）
- 为你的行为找理由（Reason-giving for your behavior）

我们在前面已经接触过这些问题了，但是现在让我们换个角度，把它们当作承诺行动的障碍再来看一看。

融合

融合，是与自己的想法粘在一起，把想法当真或奉为真理，这种情况在你经历巨大压力时可能会更加明显。例如，如果你正挣扎于情绪问题、物质滥用、与工作有关的困难或者关系问题，那养育就更可能不堪重负。你可能与“养育又是我生活中一个需要付出巨大努力的领域”的想法融合。在这种情况下，你会发现在已经难以应付的长长的列表中再添加其他承诺，真的是太难了。

当你投入承诺行动时，你也许会发现融合又会带着诸如下面这样的想法把它那丑丑的大头伸出来：养育这件事太难了；我的孩子没救了；我又搞砸了；我不知道我干嘛要试呢；我是一个多么可怕的家长；我下一次能做好吗？也许你可以通过把这些想法想象成小溪中的叶子或者飘动的云彩来与它们解离，这将会帮助你向前进。

评价

你的头脑能够并且将会用很多不同的方式评价你承诺的行动。

例如，你可能看重教育对你的孩子的价值。所以，你可能会说，“不管我感觉如何，我都会每天按时送孩子上学。”然后，你的大脑就开始像这样评价：“每天？这似乎不太合理。”这种类型的自我评价是一种自己挫败式的评价。当你发现自己卡在这些自我挫败式的想法中时，深呼吸，感谢你的大脑为你保持警觉，并且思考此时此刻你希望的是什么。

评价也能够以其他方式出现。你选择不在养育领域为你自己或你的孩子做出承诺可能是因为你害怕你不能坚持下去，或者是因为你觉得生活其他领域的价值在与养育的价值竞争。然而请你注意，这里的任何一个理由其实都是你对你价值选择的评价。前一个，你是在评价自己：你能坚持下去吗，还是会失败呢？后一个，你是在评价自己要选择什么，追求什么。在任何一种情境中，选择投入有价值的行动可能会让你感到压抑，或者与你在生活其他领域想做的事情相矛盾。你可能感到很困惑。觉察它就好，并明白有困惑表明了这里有什么对你很重要的东西。

有人曾经说过：“没有糟糕的决定——只有我们不得不面对的决定。”你可能觉察到你的头脑在敲打你，让你选择这条或那条轨道。有时这会妨碍承诺行动。假设你以和孩子建立良好关系为价值方向，你同时选择晚上在家里工作——弥补白天在办公室没有完成的工作，或者提前完成明天的工作，那在你工作时，你会觉得自己不是一个好家长：我没有花足够的时间陪孩子。你可能就此感觉很糟糕，所以你就在办公室里工作到更晚。然后，你可能因此感到沮丧，所以你就花更长的时间来工作，因为工作的时候你就可以不去想你没有遵守对孩子的承诺。这是经验性回避。你的大脑可能也对此说了些什么。向那些评价性的想法点头致意，然后带着它们去做该做的。而即使你选择了生活的某一领域为方向，你仍然要不停地做出选择：遵循（或不要遵循）这个方针，还是价值？

回避

经验性回避（参见第 4 章）经常阻碍我们承诺行动。发现经验性回避的途径之一是询问自己这样的问题："我在为什么工作？"如果你是为了摆脱不好的感受而朝着远离你的价值的方向前进，那你可能就没有在承诺行动。除此之外，追求价值的行动通常是一种选择。大多数时间，与你的价值保持一致会伴随着重要性和活力感。然而，有时当你采取有价值的行动时，行为的发生会伴随着"我必须"这样的想法，或者"这么做是难以忍受的或不堪重负的"之类的感受。你的大脑试图让你回避。觉察那些体验，并承认它们，让它们和你一起在人生路上旅行。就像你大脑其他的唠叨声一样，它们仅仅是一些语词——不是真实，没有好也没有坏。它们可能给人以压迫感，但是它们完全无法影响你选择或者行动的能力。

找理由

你的大脑是一位找理由专家，总为你提供选或不选的理由。毕竟，你大脑的工作任务就是逻辑思考。大脑可能告诉你不要做什么，因为你会受伤，或者过去这么做没奏效，或者它可能告诉你要做什么，因为那是聪明人的选择。正如我们之前提到的，理由能够为做那些并不真正与价值一致的事情进行辩护。例如，你基于你的价值选择而决定使用计时隔离技术，但当这进展得不顺利时，你可能会说："计时隔离对我的孩子不起效果，他太兴奋了。我应该直接打他的屁股。"

忠实地遵循你的价值和有无逻辑关系不大：因为这是一件需要向内去叩问心灵的事情。当你反复选择回避，而不做出你承诺的、有价值的行动——如打孩子屁股而不是进行计时隔离——你可能会感觉卡住了或陷入困境。你的大脑可能告诉你：这种被困住的感觉以及你不愿回到价值方向上，是注定的走向——我们的大脑非常擅长欺骗我们，让我们被这样的想法迷惑。"你根本没有别的选择"这个想法是一个好故事——你的头脑给你的这个理由，影响着你关于是否追求价值的选择。然而，其实被困住本身就是一种选择，虽然你可能会将它误认为你正在“尝试”。例如，如果你计划使用计时隔离技术，并和你的孩子一起进行了练习，为此做了准备。但是当你的孩子的问题行为真正发生时，你在盛怒之下打了她的屁股，你可能对自己说：至少我尝试过了——只是没有效果。感谢你的大脑做出的评价！的确，表面上，“尝试过”似乎是一个不用兑现承诺去遵循价值的好理由。记住，这也是一个选择：要么行动，要么放弃。每次你选择不采取行动或者采取与价值不一致的行动时，记住你其实正在做选择——同时，也要记住你有其他的选择：你可以考虑与价值一致的行为，并且承诺按此行动。为了更好地理解承诺行动是什么意思，尝试下面这个冥想练习。

练习一下

无论代价是什么，无条件地承诺

想象你的孩子正走向一个拥堵的十字路口。汽车和卡车嗖嗖开过，你的孩子却没有注意。她走下人行道。你朝她大喊，但是车辆的声音太大，她听不见你喊她。

花点时间思考一下，此时你在想什么，你的感受是什么？在你的养育笔记上写下在这样的情境下你将会做什么。

有可能，在那一刻，你会做任何你能做的事情来保护她的安全，包括自己冲进车流中。你可能不会去想那些你教过她的过街要左右看路、要等车走了再走之类的交通规则，你也不会去考虑你自己的安全。可能没有人能从逻辑上、理性上说服你不要冲过去。为了保护你的孩子，你可能会心甘情愿地把自己置于危险之中。这种行为——排除万难，迈过那些可能让人不快或有风险的障碍，朝着一个目标前进——就是承诺的含义。

养育一致性

正如本章前面提到的，将愿意和承诺行动付诸实践说起来容易做起来难。然而，作为一位年幼孩子的家长，你会面临各种各样的情境，在这些情境下，始终如一地使用特定的策略，尤其是在非常艰难的情境下仍然坚持，对成功至关重要。类似地，许多养育策略只有在始终如一地使用时才有效：不一致地使用它们实际上可能会让孩子的行为问题恶化。因此，当学习这些策略时，尤其是在具有挑战性的情况下使用这些策略时，你的愿意和对价值的承诺行动是至关重要的。一个有用的策略叫作“有计划地忽视”，现在让我们来看看这个策略：它是什么，以及你可以如何在孩子身上使用它。

养育策略

有计划地忽视

许多家长可能都持有的一个价值是帮助他们的孩子过上有意义的生活。这包括教育孩子养成良好的行为习惯。作为养育者，你可以通过塑造和培养适当的行为以及减少或停止不适当的行为来实现这一点。使用关注（例如，赞扬）等有意识的行为激励技术是支持孩子良好行为发展的一种途径。有计划地忽视的策略则是让你通过观察孩子的行为但不做反应的方式来帮助你减少或消除你认为不可接受的行为。

当孩子想要吸引你的注意或者他人的注意时，常常会做一些让人恼火的行为。如果这些让人恼火的行为起到了他期待的作用，他就会倾向于继续这样做。他的行为会让你责骂他或教育他，所以这些行为的功能（参见第 4 章）——从你那里获得了一对一的关注——完全见效了。

因此，应对孩子为引起你的注意而做出的这些行为的最好办法就是忽视它们——只是看着这些行为，不做出任何反应。当孩子表现出寻求注意的行为，而你正在做其他事情，那么继续做你的事情，不要试图去调整或改变孩子这些刺激性的行为。有计划地忽视不是：

- 再教育或者责骂孩子；
- 眼神交流或给他有意义的注意；
- 以任何方式报复令人恼怒的行为；
- 与孩子协商；
- 与孩子讲道理；
- 评论讨厌的行为或做出你在忽视他这样的评论；
- 撤走对孩子的爱和感情；
- 向孩子表达愤怒或生气；
- 向孩子解释为什么他不应该有这种行为；
- 问孩子为什么这么做；
- 随后因为这种行为惩罚孩子。

水龙头的隐喻能够帮助你理解有计划地忽视是如何起效果的：当你的孩子做出令人恼怒的行为时，立即切断对他的注意，这就好像关掉水龙头一样。你要做得非常清楚和明显。反过来，当你的孩子停止不良行为时，把你的注意力转回去，大力赞美他。例如，当你的孩子大喊大叫时，你可以把身体背向他，一句话也不说——把注意力转向别处。一旦他安静下来或者把声音降低到正常的音量，转向他，进行友善的眼神交流，并且说“我喜欢你使用正常音量表达的方式”或者类似的话——把注意力转回去。

当你使用有计划地忽视策略时，很可能出现的情况是一开始孩子可能会加大问题的行为的程度。换句话说，他可能会更多地做你不想要的行为——他可能会更长时间地、更充满敌意地、更频繁地或是更激烈地表现这些行为。在这个时期，使用你的正念技巧：描述、带着觉察地行动、不评判、不反应。比如，你可能会听到孩子的尖叫，那么觉察孩子的尖叫，继续忽视他的行为。愿意感受不舒服，并保持你的承诺是至关重要的。练习体验你的孩子寻求关注的行为，体验你自己的想法、情绪和期望，并给你的行为赋予意义。欣赏你所有的反应，允许它们以自己的速度出现或消失。每次你的孩子有不良行为时都要坚持这样做。随着时间的推移，如果你始终如一地坚持应用有计划地忽略这一策略，你会注意到你的孩子会减少或完全停止他这种不当的寻求关注的行为。

犯错——和原谅的重要性

当我们学习使用像有计划地忽视以及书中展现的其他养育策略时，你可能会犯错。你可能会被想法吸引，并且发现你的行为与价值不一致。这样的事会发生在每个人身上。当你注意到你偏离了你的轨道，承认它，并且调转方向回到你的地平线上，即你承诺的价值上。记住，你的轨道不总是直的。你可能需要在风暴附近或者暗礁满布的海滩附近航行。但是，当你偏离轨道的时候，记住你对价值的承诺，回到你选择的方向上。

有时候，喋喋不休的大脑会改变你对养育价值的承诺。有时候，你的头脑会让你感觉自己就是个失败者。尝试下面这个练习，把它当作一种帮助你处理那些感受的方式。

练习一下

原谅朋友，原谅自己

1. 回想一个你真的觉得自己是个极其失败的家长的时刻，或者你把孩子搞得一团糟的时刻。尽力回想关于这个经历的一切——你在哪里，你的孩子在做什么，你感觉如何。看看你是否能够回想起其他细节——声音和气味，或者其他任何与之有关的记忆。真正把自己放回那个情境中，就好像你此时正在经历它一样。温柔地注意到在你的头脑中和心里出现的东西。和这段经历一起坐一会儿。

2. 现在，请想象你最好的朋友正在向你描述这段经历，就好像是发生在她身上的事一样。觉察你对她的感受。你想做点什么？你可能会跟她说什么？

3. 再一次地，想象自己再次回到这个情境中。观察你自己，就像你正在看一场关于自己人生的电影。在需要的时候，暂停、倒带、快进，让自己充分体验这个事件。去观察你的脸，你是如何控制你的身体的，在你与孩子的关系中你处于什么位置上。你想到什么，感受到什么？你说了什么，做了什么？

4. 此刻的你，知道那是一种什么感觉的你，会对那一刻的你，也就是刚刚在养育问题上犯了错的你说些什么呢？想象你在和你自己进行对话，就像你和朋友对话一样。允许你给予自己同等的慈悲和原谅。

5. 你的头脑擅长告诉你该做什么：你要确保安全呀，你要保护自己不要显得愚蠢呀，你要让自己看起来是正确的呀。但是你的头脑并不擅长原谅，尤其是原谅自己和最亲近的人。花一点时间去觉察，原谅你朋友犯的养育错误是容易还是困难。那原谅你自己呢？会怎么样——是容易还是困难？你是否体验过原谅自己时的解脱感？温暖感或敏锐性呢？现在花一点时间思考，当你的孩子把一切搞砸的时候，慈悲和原谅对他来说意味着什么。请在你的养育笔记上写下此时你的任何反应或想法。如果孩子真的知道你是无条件地爱他和支持他的，对你和你的孩子来说，这会是什么样呢？

做出你自己的承诺

你可能并不会喜欢孩子的一切行为，但是让她知道——无论她做什么——你都在这里，是一种令人难以置信的非常有力量的养育方式。现在，请记住这一点，我们希望你为孩子做出承诺。事实上，你正在读这本书，这表明你致力于成为一个更好的家长，也表明你非常关心孩子。在要求你为孩子做出承诺时，我们是在要求你朝着无条件支持她的存在这一方向上迈出一大步。我们这么说的意思是，选择那些能推动你帮助孩子走向你期望的方向的行动——并无论如何，都要坚持这些选择。为了达到这个目的，我们不需要知道你要做什么或要怎样做——换句话说，你现在不需要知道，做出那样的承诺具体包含了什么。你只需要知道在养育孩子的过程中你最关心的是什么。所以，有的时候我们称之为“站”你的孩子，因为你可以想象家长坚定地站在追求价值的道路上，乌云密布、狂风肆虐却巍然不动的场景。

练习一下

“站”你的孩子——用一种更强大、更大胆的方式

1. 现在是下大赌注的时候了。想想你对孩子最大的希望和梦想是什么。想想你对你们之间的关系的最高期待是什么。想想你将不得不做些什么才能实现这些最大的希望和期待，预测如果坚持下来，最后会获得什么样的积极结果。

2. 再具体一点，你需要实现什么目标才能推动你和孩子的关系朝向你的价值呢？目标应该是具体并且可衡量的。它们可能是你在育儿方面需要努力的具体行为，也可能是你希望帮助孩子改善的某些行为。写下几个行为目标，你将带着它们继续阅读下面的几个章节，这样你也许能够追踪自己的成功。如果是相对较小的目标，那你之后更有可能成功实现。记住，这些是对孩子的承诺，也是对你们之间关系的承诺。

3. 注意并且搁置你头脑中关于什么是真正可能的或者你可能会失去什么的评价。注意你的情绪，把它们放在一边，你也可以选择允许自己的想法和感受陪你一起前行。

4. 如果你可以不受任何限制地选择孩子的人生——任何一种人生——现在可能会是什么样，未来会是什么样？你的孩子在人生中会拥有什么？他可能在哪里，他可能跟谁在一起，以及他可能在做什么？你会如何支持孩子发现他的天赋，追求他的梦想，庆祝他的成功，面对他的沮丧？你希望自己在他这样的人生中扮演什么角色？你需要做些什么来完成这个角色——你的承诺是什么？

5. 思考一下，你愿意做什么来帮助这些价值被实现。会遇到什么阻碍吗？

6. 在确定你的养育价值和选择你的目标的过程中，可能会有

许多的想法和情绪涌入你的脑海。你选择的目标可能是以前尝试过的，也许你还有一些对自己、对伴侣、对孩子的愤怒和怨恨。你可能会责备自己或孩子生命中的重要他人——你的伴侣、孩子的抚养者或老师、孩子朋友的家长。你能慈悲地原谅你自己和/或你的孩子，并承诺遵循你的价值吗？在你的养育笔记中写下回答。

7. 在追求一个有价值的目标时，寻求他人的帮助通常是有益的。在你的生命中是否有这样一些人，你可以向他们表达你刚刚在练习中做出的承诺，或者你可以在你遇到困难时向他们寻求帮助、支持，以获得一点喘息时间？你是否愿意在你需要的时候寻求帮助？写下你是否愿意为你的承诺构建一个支持团队，思考你可能会和谁讨论这个问题，并计划如何围绕你的目标展开对话。

如果你选择基于你做出的承诺采取行动，那么，你就可以继续阅读后续关于养育策略的章节了。“站”你的孩子不会总是很容易就做到，事实上很多时候，它是非常非常艰难的。同时它也是充满生命力的、有回报的——也是可怕的。如果你选择不接受该承诺的任何方面，向它致敬。检视一下你的体验，看看你的头脑是否在工作——在这个过程中，注意和赞美它。接下来，以开放的心态重新审视你的养育价值和与之相伴的承诺行动：如果你只有一次生命和一次机会为你的孩子带来改变，这确实是你选择的价值吗？如果是，当你准备好了，请继续阅读本书的后续部分。

总结

在这一章中，我们讨论了愿意和承诺行动的概念。在帮助你真诚地追求养育价值的过程中，愿意是决定性的要素。你完成了几个体验式练习，以帮助你了解愿意的含义。承诺是支持你的价值的无条件选择，即使在事情最为艰难的时候也是如此。我们开始讨论养育策略——尤其是有计划地忽视——这些策略使你的愿意和承诺行动可付诸实践。最后，我们为你提供了一个机会，让你做出有意义的承诺，从而支持孩子。当你继续阅读本书去学习如何有效地使用养育策略支持你的养育价值时，这个承诺将会对你有所帮助。

第 7 章

增进亲子关系

与孩子同频互动

每时每刻，我们拥有的可能，都远多于我们意识到的。

——一行禅师

在前几章中，我们讨论了那些你觉得艰难的时刻，那时，你难以欣赏孩子，甚至只是和他在一起都感到困难。当你感到脆弱、疲惫、压力时，或者当孩子的行为看起来真的很有挑战性的时候，尤其艰难。想象一下，当你和孩子都享受着彼此的存在，感受着简单相伴带来的愉悦时，那会是一种什么样的情形。你和孩子在一起的每一个时刻，即便是在最艰难的时刻，都是你建立良好亲子关系，鼓励孩子良好行为的机会。在本章中，我们将会探讨如何建立或重建你和孩子的关系，以及如何看到并鼓励孩子的闪光点。这是发展出敏锐的、回应性的养育策略的重要基础。

什么是好的关系

花点时间想想，生命中那些对你而言最重要的关系——在这样的关系中，你与某个人之间非常亲密。在这些关系中，你最看重的是什么？花点时间，把有关这个问题的想法记录在你的养育笔记里。

如果你和大多数家长一样，那么你列出的价值特征之一可能是“感到被倾听”。如果我们特别幸运，我们会找到一段对方“懂”我们的关系——他们对于我们的想法、渴望、梦想都有着正确可靠的理解。他们通过与我们的互动，向我们传达着这样的理解——他们会唤醒我们对所在意事物的关注；即使我们不要求，他们也不求回报地为我们着想。因为这些对你来说很重要，所以别惊讶，在亲子关系中，你的孩子可能也最珍视和倚重同样的价值特征。

花点时间和孩子一起培养这样的关系是很重要的。毕竟，你才是孩子勇于探索外部世界的那个“基地”。你既要保证孩子的安全，也要给孩子提供一个他在未来人生中看待其他重要关系的透镜。通过你和孩子的链接和互动方式，你向他展示着人是如何融入这个世界的。这是一份巨大的责任——同时也是一份精妙的礼物。

为了让你的孩子感到被倾听，与你的孩子“同调”是很重要的。“同调（Attunement）”意味着要对你的孩子有一个全面细致的认识。当你越来越理解孩子的时候，你会对他的想法和感受产生同理心，回应他的愿望，并且帮助他实现目标。你将能够更好地预测孩子下一步会做什么，也会在他成长的过程中，从孩子身上得到更多的信息——即使这可能和你过去对他的认知并不一致。简言之，同调意味着你将以开放的心态对待孩子，而这种能力将帮你用一种敏锐的、关爱的方式回应孩子的需求。正念觉知是一种非常有帮助的方式，能使你全身心地陪伴孩子，提升你和孩子间的同调性。

花点时间——大概 15 分钟——做做下面的练习。你会在练习中探索到一些帮助培育亲子关系的想法。

练习一下

和你的孩子建立同调关系

1. 回想一下你的孩子在学习一些全新事物的时候——也许是迈出他人生的第一步，或是第一次写下他自己的名字，或是第一次系鞋带，又或是他出生后的第一次呼吸。在你的养育笔记中记录下这些时刻。

2. 现在，请闭上眼睛，用5~10分钟思考一下，那段经历对于你和孩子来说分别是什么样的。真真切切地把你置身于当时的场景中，尽可能地想象以下细节：你在哪儿？那个地方是什么样的？你的孩子在哪儿？身体有什么感觉，你想到了什么，感觉到什么，体会到什么？你的面部看起来是什么样的？孩子的表情又是什么样的？想想他在想什么，有什么感受？那一刻是否充满了活力？它是不是生命对你的孩子，以及对你的馈赠？在你的笔记中写下你对这些问题的回答。

3. 想象一下，此时你的孩子出了状况——摔倒，拼写错误，或是没能成功掌握某个新技能。在这一刻，真切地去感受当时的体验。它对你而言是什么样的？你觉得在这一刻，孩子的感受会是什么样的？在这样的情形中，你希望自己做出怎样的反应？花点时间，在笔记中写一写你对这些问题的想法。

4. 用几分钟时间想一想：如果你的孩子在做一件他本已知道应该如何做好的事情，他花了很长时间，但还是出了错。对此，你可能会有什么反应，与上面的反应相似还是不同？这种错都会犯？（例如，一个几个月前就已经会自己上厕所的孩子，生病期间居然尿在了自己身上。或者，一个因为弟弟妹妹的诞生而不能得到从前那么多的关注的孩子，为了获取关注而做一些不合适的行为。）留意自己对这些事情的发生原因有什么反应，并把它们都记录下来。

像许多家长一样，如果你可以知道孩子为什么会有某种行为，你就很可能更理解孩子，更具有同理心。你会更好地预测在某种情况下孩子会如何反应，你也能据此做出相应的计划。你甚至会用一种与之前不同的方式，一种基于综合考量后恰当地使用规则和后果的方式，来回应孩子的问题行为。当你这么做时，你会发现你的孩子并不是什么“问题行为的集合体”，你们之间的亲子关系也将得以改善。我们希望这些事情能在你身上成为现实。

在接下来的练习中，我们会给你提供一个机会，让你在陪孩子玩耍时，有意识地练习使用你的同调能力。发展与孩子的同调性是一回事儿，学习如何在事情发生的当下以积极的方式使用这种同调则是另一回事。你可以在与孩子同调的状态下去尝试我们给你的那些养育策略。以下的练习改编自希拉·艾伯格的作品。这是一个你可以——也应该——每天都和你的孩子尝试的练习，以帮助你们不断改善亲子关系。

练习一下

游戏时间

在一天中，选择一段 10 分钟左右的时间，在这段时间里，你和孩子能不被任何人或事打扰地待在一起。请确保这个时间段对整个家庭来说都是合理的选择，不会影响到吃饭、睡觉，也不会影响到任何的工作安排（例如写作业、做家务、工作）。

现在，在这个你选定的时间段中，和你的孩子一起玩耍，只是玩就行。让你的孩子引导整个游戏活动。只有当她变得有攻击性或有破坏性的时候，你才需要介入；否则，就让孩子在活动中做决定。你的职责是全神贯注地注意她都在做些什么。在这段游戏时间中，你可以做的一些事情有：

- 温和地解说她正在做的事情。
- 描述、模仿她的行动。例如，你可以对孩子说："你在给你的娃娃穿衣服——它穿的衣服是粉色的。"然后你抱起另一个娃娃，给它穿上同一颜色的衣服。
- 赞扬她恰当的行为。在赞扬时，你必须是真诚的——要通过微笑和眼神交流来传达你为她高兴。赞扬也应该是具体的，例如，你可以说："你把娃娃打扮得这么漂亮！"

在这段特殊的游戏时间内：

- 不要问她问题。
- 不要给她指令。
- 不要批评她的行为。

每天，当你和孩子相处了这 10 分钟之后，请再用一点点时间（不超过 5 分钟）在你的养育笔记中写下你关于这段时间的想法和感受。

养育策略

为孩子的成功做好准备

小孩子的家长最常见的抱怨之一，就是他们的孩子不听话——也就是说，孩子不听家长的指令。由于你会在许多不同的场合下要求孩子遵从指令，所以教会孩子如何成为一个"好的听从者"是极其重要的。另外，我们将教你如何鼓励孩子遵循指令的技巧。我们要教给你的鼓励孩子听从指示的技巧，对促进孩子在其他许多方面的良好行为同样至关重要。在接下来的部分中，我们将会讨论鼓励孩子听从和遵循指令的关键环节：前因控制、有效地发出指令，以及使用强化物。

前因控制：为良好行为做好准备

有句话是这么说的："1 盎司[①]的预防胜过 1 磅[②]的治疗。"为了给良好行为做好准备，觉察到不当行为的"语境事件"是十分有帮助的。前因控制指的是首先思考哪些场景或触发因素能够导向孩子的良好行为，然后通过构建亲子间的互动使得这些因素得以呈现。这也有助于改变不良行为的触发因素（关于前因，参见第 4 章）。你可以通过多种方式来思考前因控制。为了能使我们更好地讨论前因控制，请思考以下问题，以及思考这些问题的答案如何使孩子的行为变得更为积极或者更有问题。

- 你和孩子是高兴的、充分休息的、吃饱了的，还是暴躁的、疲惫的、饿着肚子的？
- 孩子是否处在这样的情况中：别人对他的要求超出了他当前年龄和发展阶段应该具有的能力范围？
- 此刻，你的情绪和压力水平是怎样的？你是否感到脆弱或者负担很重？孩子的情形又如何呢？
- 在某个特定的情境下，你对孩子的期望与该情境的要求是否匹配？孩子实际上是怎么做的呢？
- 你和孩子所处的环境会如何影响孩子的行为？
- 当孩子投入一项有趣的活动中而不愿意停下来时，你是否有跟他提前约定呢？

---

① 1 盎司 =28.349 5 克。
② 1 磅 =453.592 37 克。

这些问题——以及它们的答案——可以帮你识别出那些可能是孩子行为前因的特定事物或事件——换句话说，这些事物或事件会让孩子的某种特定行为更有可能或更不可能发生。（它们还可以让你了解自己在特定情境下的行为。）当你在教孩子一种新的行为方式，或是鼓励一种现有的行为模式时，必须考虑这些语境特征。你选择在什么时候、以什么方式向孩子提出要求或给出期望他遵守的指令，也是尤为重要的。

现在，你已经学习了一点与孩子同调的方法，也在游戏中练习了具体的关系建立技巧，现在是时候来看看影响亲子关系的语境因素了。花几分钟完成下面的练习。这个练习会帮你更容易地识别出影响你和孩子行为的语境因素。

练习一下

纵观全局

1. 花点时间，想一个你特别希望孩子能拥有的行为。这可以是一种全新的行为，也可以是她已经在努力的事情。不管你选哪种行为，都应该是你走向有价值的生活这一过程中的一个小目标。举例来说，你可能希望她在一起逛超市时待在你的身边；她每晚都做作业，或者在学校交到新朋友。在你的笔记中，写下你为孩子选择的一个目标。

2. 现在，请思考一下为了帮助孩子达成目标你需要的所有步骤，并把它们全部写下来。比如，为了让孩子每天晚上都写作业，你可能需要创造出一个安静的环境让她学习，同时要确保这个学习区域内有她所需的所有物品。你可能还会提前告诉她，你不会替她完成作业，但是你可以回答她的一些问题，或者帮助她一起寻找可能的答案。你也可能得确保她从学校回家有一段休息时间；因为健康的食物可以给她的大脑提供能量，所以需要准备一些食物。当她做作业时，你还需要强化她完成作业这一行为。强化的方式可以是赞扬，也可以是在完成作业后获得一些小奖励。

3. 现在，你已经考虑好了需要做些什么来帮孩子达成这个目标，那么接下来请写下所有孩子必须完成的步骤。比如，她需要坐在桌子边，看看布置的作业，澄清一些问题（如果需要的话），然后开始写作业。把这些写在笔记中可能会有用处。

4. 现在，花点时间读几遍本练习的剩余部分（第 5~7 步），直到你闭着眼睛都能完成。你也许会发现，多次阅读练习的指导语和你的笔记内容会有帮助。

5. 闭上眼睛，想象自己和孩子在按照你写下的步骤行动。注意一下你们俩在哪儿，你们的身体姿势是什么样的，面部表情又是什么样的。觉察对于这些带你实现目标的步骤，你有什么想法和感受或有什么其他反应。如果看起来按照这些步骤行动很容易，那很好。要是遵循这些步骤行动并不轻松呢？当你遵循这些步骤时，你会遇到哪些障碍呢？

6. 现在，想象一下孩子在完成这个目标时，表现得并不太好。你会如何看待孩子，以及她在实现这个目标的过程中的挣扎？细致地想象孩子的状态，想象她在这种场景下是什么样的。她看起来沮丧吗？你觉得她对自己失望吗？她觉得自己像是个失败者吗？你呢？你是不是只关注她的失败和错误？你知道是什么让她难以成功吗？也许在这个特定的场景中有一些因素使得她无法完成她的目标。这些因素可能是什么？考虑一下，你是否可以通过灵活地调整你的期待，或者提供额外的支持，来帮助她达成目标。

7. 此刻，你能不能回忆起她最喜欢的颜色是什么，或者她擅长什么？花点时间想想这些事情。然后睁开眼睛，在笔记中写下你在完成这个练习时，对各个步骤的反应。

当你和孩子一起努力实现一个目标时，保持当下的正念觉知，这样你就可以充分地理解孩子在达成目标时的体验——他努力背后的语境、他的感受、他的想法等。而后，带着正念觉知，在必要的时候调整你对他提要求的方式。例如，如果你想让你正在上一年级的孩子完成他的作业，很重要的一点是，你得注意他在学校的一天过得如何，他是不是累了，是不是需要先吃点东西，等等。通过对这些背景因素的观察，你可以相应地调整对他的要求。也许你可以在孩子放学回家后，给他 30 分钟的过渡时间，而不是死板地遵从一回家就得开始写作业的规则。如果他对自己要完成那么多的功课感到沮丧，你也许可以帮助他把作业分解成几个小的部分，每完成一部分就给他一定的休息和鼓励。这样，你实现了你的目标——确保他完成作业，同时，你的孩子也从中受益——他从中学习到以后也能用的技巧，即，在尊重自己感受的同时仍然完成自己的任务。

养育策略

有效地发出指令

除了看到孩子（或你自己）的行为，另一个能教导孩子遵循指令的重要因素是有效地发出指令。小孩子常常难以遵从指令或他人的要求。这是因为他们的注意力和遵循系列指令的能力都还在发展中。正因如此，让孩子完成一连串指令会变得很有挑战性，尤其是在她玩游戏或者正在做自己喜欢的事情时给予的指令。如果你给出指令时很着急，或者说得不够细致，那对孩子来说挑战就更大了。所以，如果你想让孩子遵守指令，那么如何向她发出指令就非常关键了。我们可以这样做：

- 一次只发出一个指令。同时给出多个指令会让孩子感到困惑。
- 非常清晰、具体、明确地发出指令。
- 告诉孩子去完成任务——不要询问他们。如果你问了，那你就完全应该接受孩子给你“不”这个答案。
- 确保孩子的注意力在你身上。你可以先呼唤她的名字，和她建立眼神交流。
- 如果你不确定孩子是否听到了，或者是否理解了你的要求，请她向你重复一遍。赞扬她的努力，纠正她理解错误的地方。
- 确保你给孩子的指令是她已经能够做到的。
- 保证孩子尽她最大的努力去完成你的指令。
- 在孩子做到了你提出的要求后，马上赞扬她。如果她没有完全达到你提的要求，请赞扬她做出的努力，然后帮她完成任务，直到你满意为止。
- 当你赞扬孩子遵从指令时，你可以说一些诸如“谢谢你认真倾听我的话”之类的话语。

当你给孩子发出指令时，请记住以下的“三要”：

- 要简洁。
- 要具体。
- 要清晰。

像我们之前提到的，在这里的一个关键是确保孩子按照你告诉她的去做。当你特别忙的时候，你会快速或随意地给出一个指令，然后继续做其他的事情，也不会查看孩子是否遵循你的指令。如果这样的情况经常发生，那么很不幸地，孩子就将学会不用去做别人告诉她的事情，那么接下来想让孩子听话就会变得更加困难。为了保证孩子跟着指令走，你必须学会如何有效地使用奖励，或是“强化物”。

养育策略

使用强化物

你也许还记得，在第 4 章我们讨论了行为功能分析。这是一种看待行为的方法，会分析激发特定行为的前因以及维持这一行为的后果。强化物，或者说奖励，是让某一特定行为更常发生的后果。举例来说，如果孩子每次和你去超市，你都会给他一个棒棒糖，那么很有可能他将来会二话不说地和你去超市。

你得记住的一件重要的事情是，一个东西是不是强化物，这是由它的功能决定的。如果一个所谓的强化物并没有加强某个行为，那么对你来说无论它看起来有多好，它都不是一个真正的强化物。比如，我们喜欢巧克力冰激凌，我们也愿意为了得到它而努力工作；然而，对你而言，你可能并不喜欢它，那么巧克力冰激凌就不能对你产生同等的效果。所以，谨慎地选择你的强化物是很重要的，一定要根据这个物品对孩子或对你（如果你也在改变自己的行为的话）的效果进行选择。

另一件需要记住的重要事情是：那些作用效果最好的强化物通常具有这样的特征——比较小，可持续使用，能在孩子

（或者你自己）完成某个行为之后立刻、稳定地提供。接下来的部分将会告诉你一些强化积极行为的方式。

具体赞扬：明确而具体

强化行为最简单的方法之一就是使用具体赞扬。具体赞扬，指的是当你告诉孩子你喜欢他做的事情时，你的赞扬内容非常具体。举个例子，你也许该对孩子说："餐具摆得真棒！"而不是泛泛地说："真棒！"我们在第5章介绍过具体赞扬，在这里我们会更详细地说明。在童年早期，你的孩子刚开始学习管理他自己的行为，以及刚开始理解他的行为带来的结果。因此，当你赞扬孩子的时候，赞扬得具体、明确、十分清晰是很重要的。除此之外，获得孩子的注意也很重要：这意味着赞扬的时机和传递方式决定一切。

以下是一些有用的小技巧，能让你的孩子明白你为她的行为感到欣喜：

- 当你赞扬孩子的时候，要明确。换句话说，要指出孩子具体做的事情。比如，你可以说："我喜欢你努力数到十的行为。"
- 在理想的情况下，当孩子做出"目标"行为时，立刻赞扬她。
- 确保孩子听到了，她的注意力在你身上。你可以先呼唤她的名字来吸引她的注意力。
- 如果可能的话，和她进行眼神交流。
- 要真诚——让孩子能看到和感受到你真的在为她的行为感到高兴。

再一次地仔细阅读这些小技巧。现在就是该看你的了：当你做下面的练习时，请尝试在孩子身上运用这些技巧。

练习一下

使用具体赞扬

1. 想一想，有哪些事情，孩子正在做，但你还希望他做这些事情的行为频率能更高一些？例如，如果孩子现在二三岁，那么让他使用礼貌用语（比如说“请”和“谢谢”）、遵循简单的指令或者学会和小伙伴分享可能是不错的选项。你还可以想一下，有哪些发展性任务是孩子正在努力掌握的？比如：正确地握蜡笔，或者学习字母表和数数。

2. 列出孩子有时会做，但并不总是去做的事情。在你的养育笔记中把它们写下来。

3. 从中挑选出两三个行为，并注意孩子何时进行或试图进行这些行为。当孩子做出或试图做出这些行为时，立即给予反馈：“我喜欢你做某某事情。”

尽可能频繁地赞扬孩子的行为是很关键的。为什么赞扬孩子做的事是很重要的呢？首先，赞扬可以帮助你和孩子建立良好的关系。其次，当你有效地运用赞扬或者奖励时，你是在帮助孩子更加频繁、更加一致、更加认真地表现出良好行为。有些家长不太接受赞扬孩子的做法，他们争辩道，孩子就是要“做得好”，因为他们本来就该如此。另一些家长则用一些小威胁，或者用家长的权威压制孩子来促使他们表现出良好行为。举个例子，他们可能会说：“如果你不做某某事情，我就会把你的玩具拿走。”事实上，从长远看，这些伎俩并不会特别奏效。

其他形式的奖励

奖励无须有多昂贵或有多新奇。它们应该是一些小东西，在一段时间内你的家庭都能够负担得起，而且能方便使用的小东西。每次，当孩子有了一些你欣赏的表现时，立马给他一个奖励。长此以往，当孩子学会良好行为，并慢慢变为习惯时，你可以开始逐渐“淡化”奖励，慢慢地减少和停止使用奖励。不过，你一定要计划好这个撤销过程，也就是说，不发放奖励不能是因为出了某些计划外的状况，例如计划不周或者纯粹因为你忘记发奖励了。在给一些小的、即时奖励的同时，根据某段时间内的良好行为再给出一些更大的、持续时间更久的奖励，也是非常有用的。我们将会在第 8 章讨论如何做。

以下是一些关于小奖励的点子：

- 微笑
- 拍拍孩子的背，或者一个拥抱
- 贴纸
- 和妈妈或者爸爸额外的玩耍时间
- 一份最喜欢的甜点或餐食
- 和孩子一起决定的其他事情

你应该奖励什么行为

你也许会纠结应该奖励什么样的行为。正如我们在前面章节中讨论的那样，如果孩子已经出现一段时间的不良行为，你可能难以在他身上“发现好行为”。这也许意味着你倾向于从一种狭隘、僵化的角度观察孩子；而且你可能会更为频繁地关注到孩子身上的问题行为，而不是良好行为。尝试下面的练习，它能帮助你认识到你可以用一种更加平衡的视角来看待孩子，并帮助你富有同理心地使用这种视角。

练习一下

正念与发现闪光点

打开你的养育笔记，找出在本章前半部分“纵观全局”练习中，你给你和孩子设定的目标。阅读当时记录下的，你对孩子的错误和失败行为的反应。只需要注意你在笔记中写下的内容。

现在，请思考一下，当孩子达到了目标且表现良好时，你会有什么反应。记录下你在这两种不同情况下，你的反应之间的相同或者不同之处。

但愿最后几个练习能帮助你更全面地认识你的孩子——在任何一个时刻，即使是事情不完全按照你想象的或计划的那样发展，或者即使是孩子把事情搞砸了，好的、不好的、不好不坏的都可能同时存在着。当事情并不像你想的那样发展时，无论是什么情境，最重要的是你能够意识到孩子“好的”一面。在你下一次和孩子互动时，看看你是否能够捕捉到他做了什么正确的事情，即使这种正确的行为转瞬即逝；或者看看你是否可以注意到他在笑，他玩得很开心，以及这些给你带来的感受。

告诉孩子你的期待

当你确定了几个想让孩子更常选择的行为时，一个常常有帮助的好办法是：在开始“鼓励她好好表现”之前，先和孩子坐下来，告知她你的想法。对于即将上学或已经上学的孩子来说，这会尤其有用。另一件重要的事情是确保你选择的目标行为是孩子已经可以完成的（即，她也许在另一个语境下，或者由于另一种原因，已经做过这个行为），以及你对孩子的期望是符合孩子发展水平的。下面的例子向你展示了如何与孩子进行这样的谈话，以及如何调整你对孩子的期待，使其符合她的技能水平。

育儿小故事

吉莉安与选衣服

每天早上，艾莉都要和 5 岁的吉莉安就应该穿什么衣服去上幼儿园斗智斗勇。吉莉安通常会坚持说衣服不搭、她什么都不喜欢，或者声称必须穿那几件还在洗衣机里的衣服。这个过程常常导致吉莉安掉眼泪、在上学的路上闹情绪，以及经常迟到。这种情形实在是太让人难受了，艾莉难以想出吉莉安有什么行为是可以拿出来鼓励的。思考什么行为该停止倒是很容易——例如发脾气、抱怨、优柔寡断、拒绝穿衣服等。艾莉实在是太沮丧了，这使她难以清晰地思考。她只想终结这种状况。她总是想用斥责和空洞的威胁来达到这个目的，但终究无济于事。

尽管沮丧，艾莉还是在某个下午花了点时间思考该做些什么。她最想看到的就是吉莉安能迅速找到一套适合当日天气的衣服。艾莉尝试着去观察一天中吉莉安能迅速做出选择的时刻。她发现，当只有两个或最多三个选择的时候，吉莉安才可以做到这一点。这启发了艾莉。某天放学的时候，她和吉莉安一起坐下来聊天。“吉莉，你看起来非常擅长做出选择。这可是个大孩子才会做的事情哟。在你能迅速做出选择的时候，我可真为你骄傲。”“谢谢妈妈！”吉莉安说道。“当你能快速挑选出去幼儿园穿的衣服时，我尤其为你自豪，因为我知道你能做到这一点真的特别难得。以后我会帮你在去幼儿园前一晚摆出三套衣服，第二天早晨你可以从三套里选出一套。你觉得怎么样？”“我也可以帮忙在晚上一起选衣服吗？”吉莉安问道。“当然啦！”艾莉说道。那个晚上，艾莉和吉莉安摆出了三套衣服。第二天早上，吉莉安比往常更快地做出了选择。“这个选择做得真棒，吉莉安！”艾莉高兴地说着。

然而，使用赞扬或其他奖励，为良好行为的出现创造条件，这两种养育策略并不能万无一失地确保孩子好好表现。它们只是一系列策略中的两个，倘若使用得当，它们可以非常有效地增加期望的行为。长期坚持使用，这些策略会特别有帮助。

养育策略

通过行为塑造，重新思考你的期望

到目前为止，我们已经讨论的技巧是关于如何鼓励孩子持续去做那些他已经在做的事。但是你该如何教你的孩子做出新行为——一些他以前从未做过的事情呢？为达到这个目的，我们推荐你采用一种叫作行为塑造（Behavior Shaping）的策略，即通过循序渐进或小步走的方式，让孩子学会一个复杂行为。比如，如果你要教孩子做加法，他必须首先学会数数，然后认识数量，再认识书面的数字符号，以及理解加法是如何进行的，等等。在孩子尝试每个步骤时，他都应该被给予奖励，直到每个步骤被彻底掌握。当他掌握了一个步骤时，该步骤就不需要再被强化了。取而代之的是，要奖励他对下一个更难的步骤的尝试，直到他能够完成某一个行为所要求的所有步骤。总而言之，以下是行为塑造的步骤。

1. 确定一个你想让孩子学习的行为。
2. 将该行为分解成几个可控制、可完成的步骤。
3. 向孩子展示如何做第一步。当他这么做时，给予赞扬。
4. 当孩子完成每个步骤时，给予他奖励，直到该步骤被完全掌握。然后向他展示如何做下一个步骤，并且再给他奖励，直至他掌握目标行为。

当你在孩子身上尝试这些策略之前，你可能发现难以想象这个过程是什么样子的。但请回忆一下，你已经学会把期望孩子学会的事情分解成一个个小目标，然后把这些目标分解成孩子能够实现的更小步骤。行为塑造的过程与此很相似。接下来的练习将会帮你把期望孩子学习的新的复杂行为分解成可执行的步骤。

练习一下

塑造孩子的行为——以及你自己的

1. 想象一个你希望孩子做到的新行为。在你的养育笔记中写下这个新行为，然后花 5~10 分钟思考一下完成该行为所需的各个步骤，以及这些步骤的先后顺序。在你的笔记中按照发生先后顺序写下这些步骤。现在，思考一下当孩子尝试每一步时，你会怎样给予奖励，把这些也写下来。你可以考虑是否和孩子分享这个列表。

2. 现在，为你自己重复以上过程。想一想为了使孩子掌握这种新行为，你所需做出的养育行为。在笔记中写下你需要完成的每个步骤。现在，思考一下当你尝试每一步时，可以如何奖励自己，并且把这些记录在笔记中。

与孩子的能力相匹配

区分你是在教孩子新的事情，还是在鼓励他做一些他已经做过的事情，这很重要。比如，如果孩子从来没有清理过房间，你却让他整理一整个房间，那基本不现实。如果你要求他这么做，他也许会当作耳边风。但是，如果孩子已经知道怎样整理自己的玩具，那么在大多数情况下，期待他下一次还会整理玩具便是合理的。所以当你使用行为塑造策略时，你对于孩子能做什么事情、不能做什么事情，要有一个准确的概念，这是极其重要的。你还需要记住，孩子是在不断成长的，他们的所学常常令你吃惊。这也是为什么了解孩子能力和技能的范畴，并与之匹配是一件重要的事情了。

塑造你的养育技巧

作为一名家长，你也可以把行为塑造策略运用在自己身上，就像你在之前的练习中所做的那样。如果之前你没有尝试过什么特别的养育技巧，那么你可以把这些技巧的学习看作是一种新增的行为。确保你给自己留出了足够的犯错空间；或者当你在不同的场合或是和孩子互动过程中尝试使用某个养育技巧时，无须要求自己做到绝对完美。练习正念，可以培养对当下的觉察，接受自己的不完美和错误。澄清价值，可以帮助你在正确的航向上行驶，使你和孩子能够发展并维持一段健康、彼此滋养的关系。这两项技能会帮助你在挑战程度逐渐升级的养育情形中，掌握我们之前向你呈现的养育策略。

举个例子，在短暂的游戏时间里练习正念觉察和与孩子同调是比较容易的。但是，当孩子在公共场合向你大喊大叫的时候呢？如果你像大多数家长一样，那么在这样的情况下，那些有效的育儿技巧早就被你抛到脑后了！所以，你可能需要思考一下情境的分级——由易到难——困难的情境是你很难在当下与孩子同调的情境。接下来，记住这样的分级，你可以在难度递增的情境里练习同调，直到你在每个等级的情境中都能够舒适地应对。然后，就像当孩子掌握了某个步骤你给他奖励一样，你也应该花几分钟，为自己的努力和最终的成功拍拍自己。如果你的大脑对你的育儿技巧进行消极的评价，那么你可以尝试借助下面的练习应对这种情况。

练习一下

你的技能是什么样就是什么样，而不是大脑所描述的那样

你之前已经思考并写过你如何看待自己的养育技巧。如果你和大多数家长一样，那么你的看法应该包含了许多由大脑做出的评价。现在，花些时间看看那些养育技巧原本的样子。开始前，请先阅读一两遍下面的指导语，这样你在练习时就不用再翻书查看了。

1. 闭上眼睛，想象最近一次你和孩子的互动。如果可以的话，把这个互动过程就像放一部关于你自己生活的电影一样在你的头脑中进行回看。从电影“外面”观看，这样你就可以用孩子看你的视角看你自己了——不要让你的想法参与进来。你是什么样的姿态？你脸上的表情是什么样的？你在说什么，做什么？孩子是怎样回答你的？

2. 尽可能详细地记录下这次互动的细节。不要写下任何作为观众的你所不应该了解的信息——只是客观地写下发生的事实。

3. 现在，注意你对这次互动的感受，以及你作为一位家长对自己的感受。在你的笔记中写下这些感受。

养育策略

教给孩子什么是后果

各种状况应接不暇，让人在养育孩子时难以保持一致。但是，在养育过程中保持前后一致意味着什么呢？以下是一致性养育的主要因素。

- 说到做到。例如，当你承诺一个奖励时，就要像承诺那样给予这个奖励。
- 当你向孩子发出一个指令时，就要确保孩子从头到尾完成这个指令。
- 除非遇到一些特殊情况，否则当你的孩子处于某个特定的成长阶段时，你都需要在这个阶段内保持你的指令一致、遵守或不遵守指令的后果一致。

正如我们之前提到的，当你前后不一致时，你就为孩子忽略你的指令埋下了雷。举例来说，你在对孩子发出一个指令后，又忙着去做其他事情，之后又没有检查孩子是否遵从了你的指令，或者没有赞扬他的听话，这就为他以后不听你说的话埋下雷了。相似地，如果你用空洞的威胁强迫孩子去做你要求的事情，孩子会知道你在虚张声势，进而拒绝你的指令。因此，极其重要的是，不要发出一些你无法执行的指令。在下一节，我们会提供一些小技巧，帮助你更能保持行为一致，以及帮助孩子明白行为的后果。

使用权变表述

为了帮助孩子了解行为的后果，你需要使用权变表述（Contingency Statement），即“如果……那么……”的表述方式。比如，你可以说：“如果你清理了你的房间，那么你就能看你最喜欢的卡通片啦。”使用“如果……那么……”的表述方式，对于小孩子来说是特别有用的，因为他们对于为什么要做某件事情的推断能力还在发展中。他们会因为行为的结果而改变自己对行为的选择，并且这种理解会随着时间的流逝和不断地练习而得到发展。比如，你也许会说：“如果你把玩具车放在这个箱子里，那么你就能得到你想要的赛车了。”类似这样的表述方式能帮助孩子理解，一旦他遵从了你的指令，他就能得到奖励。当然，你必须通过不断践行你的诺言来支撑你的表述。

在某些时刻，想到一个“如果……那么……”的表述方式并不那么容易，尤其是当你有许多其他事情要忙，无法专心与孩子进行互动时。同样，你也可能确实运用了一个“如果……

那么……”的表述，但事实上是在贿赂孩子（在孩子做出恰当的行为之前，你就向他承诺了一个奖励甚至已经给出奖励）或是在空洞地威胁（你描述了一个行为会带来的消极后果，可是你并不想或没有办法实施这个后果）。当你想出一个权变表述时，一条经验法则是：说到做到，原封不动地做到。在特别有挑战的情况下，例如孩子在其他人面前大发脾气，你会发现想到一个“如果……那么……”的表述很困难，而且你说到做到的可能性也会下降许多。在类似这样的情况下，许多家长都会向孩子突如其来的行为屈服，但其实你可以不用这样做。这里有两种有用的方式可以避免以上情境的发生。第一，经常性地自我反思育儿价值。第二，在困难情境发生之前，创造一些“如果……那么……”的表述。这些表述要和你有能力且愿意为孩子（或和孩子一起）做的事保持一致。拥有一些适当的作为备选的“如果……那么……”表述，可以让你更有效地利用你的时间和精力去处理孩子的行为。

因为临时去想权变表述可能会很困难，所以你可以运用下面的练习来帮助你想出一些“如果……那么……”的表述，以便你在充满挑战的情境中选用。

练习一下

当事情变得艰难时

1. 想出一个你和孩子之间经常出现的互动起来有困难的情境。例如，可以是当你在商店排队等着结账时、刚刚读完最后一个睡前故事，或是孩子早上匆匆忙忙去上学时。在你的笔记中写下这个困难的互动是什么，以及在那个情境中，你和孩子通常各自会做的所有事情。

2. 头脑风暴一下，想想在那个情境中，你能说些什么来给孩子建立规则和描述行为后果。比如："如果你在早上7:30起床，你就能得到一张贴纸。"写下你的所有想法。不要去评估这些想法的可行性或潜在的成功概率。尽可能多地把它们列出来。你可以开启计时器让自己写上五分钟，中间不做停顿。如果你卡住了，就重复写同一个想法，直到有了新想法。这时就尽情地发挥大脑的作用吧！

3. 现在阅读你列出的清单。花点时间想想每个想法：你有多大的可能会去做这件事情；如果做了，孩子可能会如何反应；有没有相关的、更好的想法可以替代。缩减你的清单，留下那些合理、实用、可能成功的想法。试着保留2~3个可以在你和孩子互动有困难的情境中使用的想法。现在，写下一些"如果……那么……"的表述来表达你的想法。

关于一致性和灵活性，我们还想说……

在养育孩子的过程中，保持一致性非常重要，同时灵活性也是很重要的。举个例子，如果你知道孩子生病了或者很疲惫，你对他行为表现的期待也许得降一个等级。但是，我们说的灵活性，并不代表不一致。记住，不一致的意思是，说了却没有做到，或者没有确保孩子确实按你的指令去做。灵活性的意思则是，给孩子设定一套期待和规则，并且明智地判断在什么时间、用何种方式实施这些期待和规则。做到这一点的关键是，全身心投入当下的情境中，充分理解孩子行为发生的语境是什么。同样的语境为你的养育行为设定了情境，并且帮助你能灵活地选择合适的养育策略。觉察语境，并对其保持敏锐的觉察，可以帮助你避免一些膝跳反射式的养育行为，也能促进你有效地使用我们讨论过的行为管理技巧。当你与当下失去联系时，你有可能会以僵化的方式运用一些并不会对你和孩子有帮助的技巧。

总结

本章，我们为你和孩子建立坚实的关系提供了一些指导，从而为鼓励孩子做出良好行为奠定基础。这样的亲子关系能帮助你与孩子的动机和情绪状况保持同调。在每一个当下，以这样的方式来理解你的孩子，会提升敏锐的、回应性的养育能力，也能支持有效行为管理技巧的发展。我们也描述了一些有助于培养良好行为的基本技术，尤其是让孩子遵循家长指令的基本技巧。这些技巧包括：选择何时、以何种方式要求孩子遵循指令，清晰明确地表达指令，使用赞扬和奖励，以及最后提到的，即使在困难的情形下也要保持一致性养育。

第 8 章

ACT 应对见诸行动

改变孩子的“不良”行为

爱是一切健康规则的根基。对孩子们来说，对被爱的渴望是一种强大的动力，足以让他们按照让家长开心而不是生气的方式行事。甚至可能因为我们自己在很久以前害怕失去家长的爱，使得我们现在在设置和维护边界时会惶恐不安。我们害怕如果我们不让他们随心所欲，就会失去孩子对我们的爱。

——弗雷德·罗杰斯

在前面的章节中，我们讨论了一些帮助你与孩子发展出积极的、回应性的关系，并在这种关系中鼓励孩子发展出良好行为的策略。但是有时这些策略不足以遏制孩子的不当行为。在这一章中，我们将讨论如何解决更令人关注的问题行为。我们也会给你一些机会来应用你在前几章中学到的方法，以及你将在这一章中学习到的东西。

在儿童早期，最让家长受挫的是孩子“见诸行动”的行为，例如发脾气、对抗（拒绝听从指令）、口头或肢体上的攻击性行为以及通常被称为“冲动行为”的没有经过思考的行为。

一个重要提醒是：无论是前面所述的哪种行为，如果其程度轻微或中等，那就都是儿童早期的正常发展现象。但是有几个注意事项。首先，在缺乏一致和坚定的指导的情况下，允许这样的行为持续下去，可能会导致行为恶化，从而在儿童中后期和青春期影响孩子的学业成就、友谊以及你们的家庭关系。其次，如果你觉得孩子的行为问题严重，而且扰乱了你的家庭生活或者他的学业或社交生活，并导致明显的痛苦，我们鼓励你向专门从事幼儿行为治疗的医生寻求帮助。如果你属于这种情况，那我们在本书中介绍的技能可以帮助你在孩子治疗的过程中保持积极心态和专注于你的价值方向。

发脾气

发脾气是儿童早期的暴风雨。虽然有些孩子发脾气时，战况更为激烈，时间更为持久，但其实所有的孩子都有这样的“崩溃”时间。不同的触发因素或场景会影响孩子发脾气的激烈程度和持续时间。因为发脾气对孩子来说有不同的“功能”，也就是会导致不同的结果（参见第 4 章），所以即使都是发脾气，每次需要的养育策略都不同，虽然这些策略都基于接纳承诺疗法。这有时会让你很难知道在一种特定的情境下到底该做什么。因此，我们会介绍一些常见的发脾气的触发因素，以及在每种情境下该怎么做。

触发因素和场景

发脾气可能是一个信号，表明孩子累了、烦躁不安、感到不知所措，或者某个特定的情境对她来说超负荷了。例如，你的时间表排得太满了，所以你必须兼顾众多的责任，如出差、会议、聚会、约会等。

如果你把孩子带到这些不同的活动中，你可能对她的耐心和对活动转换的适应能力的期待超出她这个年龄应有的水平。再如，也许你预约了一个牙科检查，需要等待很长时间，但等候室里没有任何玩具或适合儿童的书籍和活动。你可能会期望她的心情保持不变，仍然很有耐心地安静坐在那里——然而，根据她的年龄，所有这些期望对她来讲可能是不现实的。如果你和孩子处在这种情况下，那即使你给一个很小的要求也可能会导致她的抱怨或尖叫。她甚至可能会突然大哭起来，看似出乎意料，因为没有人招惹她。因此，仔细考虑孩子的发展水平，以便更准确地确定在某个特定的情境中她能够应对的程度。另外，你需要考虑当孩子发现这是一个非常具有挑战性的情况时，你是否应该要求她必须按照你的指示来行动。如果是的话，又该如何行动。

在像上面描述的情境中，你最好的办法是改变那些更有可能触发孩子发脾气的因素或场景。这里有几点提示：

从孩子的角度审视场景。把你自己放在孩子的位置，想想这些特定的事件或事件的结果可能会如何影响孩子的行为。如果你感觉一个特定的场景超出了她的应对能力，那么可以调整一下任务的设置。例如，如果你必须处理三件事情，有没有办法可以在完成一个或两个事情之后休息一下，让你的孩子吃点零食？如果在一个需要孩子保持耐心的情境中，你可以给他们带一些能让他们开心的玩具、活动或零食。

注意孩子的情绪和生理状态。她是有情绪的、疲劳的，还是积极的、活泼的？考虑一下如何对孩子正在经历的情境进行共情式的沟通：要么给她提一个小一点的要求，要么增加你的指导程度，来帮助她遵从要求。例如，你在等待室的那个情境中，她很无聊，也许没有必要一定要求她安安静静地坐在那里，你可以让她在周围跑一跑。或者，如果你不愿意这样做，那么在你们一起等待时，你可以跟她一起玩像“石头，剪刀，布”或“我是木头人”之类的游戏来占据她的时间精力，帮助她安稳地坐着。这可能会使她更容易达到你的要求或期望：让她安静地坐着。如果孩子心情不好，或是饿了、渴了、累了，当她处于这些状态时，你可以选择不要给她太多的要求。换句话说，要仔细地选择你的战场。

注意你的感受和想法。花点时间来衡量你对自己的感受和想法的依从程度。你是真的跟孩子在一起，还是更专注于其他事情？看看你是否能练习正念觉知的技能，并把自己带到当下。完全地、非防御性地接纳和觉察当下的情境会帮助你以一种敏锐的、回应性的方式提要求（或者忍住不提要求！）。

问问你自己是否在忽视孩子。你是否因为过度专注于别的某些事情以至于忽视了——或许是经常性地忽视了孩子寻求关注的请求？有时候孩子发脾气，是因为他在过去发脾气时获得了家长的关注。这种情况有没有发生在孩子身上？如果是这样，练习有意识地注意孩子的良好行为，并为他的良好表现而赞扬她。

注意你的指令或要求给予的时机和内容。你有没有只是给孩子一个指令或要求，或者让他做一些他不愿意做的事？在这之后，如果他发脾气，他可能是希望你能取消指令或要求。如果是这样的话，不妨想一想通常情况下你是如何处理这种情境的。我们稍后再更详细地讨论这种情境。

注意你是否设置了一个限制或拒绝了一个请求。当你对孩子的行为设置一个限制或拒绝她的请求时，她是否会发脾气？如果是这样的话，你是屈服于孩子还是坚持你说的话？从长期来看，屈服会导致更多的发脾气。考虑一下你通常是如何处理这种情况的。

我们以上描述的是非常典型的引发儿童发脾气的情境。觉察和改变这些触发情境可以减少孩子发脾气的可能性。跟随下面这个正念练习的引导，“头脑风暴”般地思考在孩子可能会发脾气的情境中你可能的应对计划。

练习一下

为发脾气和其他破坏性行为制定计划

重要的是要考虑到每一个孩子都是不同的，而孩子每次呈现问题行为的时候都或多或少有其独有的特征。所以没有办法为所有的情况制定好计划。然而，你——作为孩子行为的专家——很可能知道通常情况下什么事情会“激怒”他。为了帮助你了解这些触发情境，请思考下面的问题，并在你的笔记上写下你的答案：

- 孩子最有可能出现见诸行动的行为的地点是……
- 在白天（或者夜晚）的哪个时间段，孩子最容易出现让我担忧的行为？
- 与孩子的问题行为密切相关的活动似乎是……
- 就在孩子发脾气或其他见诸行动的行为出现之前，我的心情通常是……
- 就在孩子发脾气或其他见诸行动的行为出现之前，我通常在……

希望回答这些问题能让你对孩子身上正在发生什么事情多一些理解，从而能用共情的方式从他的角度来理解他，这样你就可以感受到他的感受。你的答案可能也给了你了解孩子行为功能的一些线索。当你知道孩子之所以做某个特定行为，是因为这个行为使他得到了点什么或者摆脱了点什么后，你就可以通过改变情境设置来阻断这种需要的满足。你也可以改变行为之后发生的事情（后果），但现在让我们聚焦于如何通过调整语境来使问题不被触发。

现在，你可以花一些时间来考虑如何为孩子调整语境。在你的笔记中列一个清单。清单可能包括：对自己的情绪和价值保持觉察，或者当你给孩子提要求时改变语调，或者询问孩子在那一个时刻需要什么样的支持来帮助他做到。无论如何，你可能需要列出一些可观察到的变化，从而使那个情境不再成为见诸行动的行为的导火索。想想你如何改变这些语境，然后尽可能详细地记录下来。

无益的后果

后果是因为我们的行为而发生的事件（参见第 4 章）。即使你小心翼翼地改变语境，减少触发因素，你的孩子仍然可能发脾气，而一旦他开始发脾气，你就可能因此向无益的方向改变你的养育行为。这就是所谓的改变后果（changing consequences），或者说，你是在根据孩子发脾气的行为改变养育策略。在前面，我们提到了两种导致孩子发脾气的情境：在你提出一个要求后（你告诉孩子做某事），或者在你设置一个限制之后（你告诉孩子不要做某事）。在这两种情境中，当孩子开始发脾气，你可能忍不住想撤回要求或向孩子屈服。当有情境限制的时候——例如，你急着赶时间，而孩子的发脾气让你快不起来；或者孩子在公共场所发脾气让你很尴尬——你很可能更容易屈服。不幸的是，如果你这样做了，可能会在不经意间强化孩子发脾气的行为。简言之，它教会孩子发脾气是有效的。如果某种方式会有效，那孩子将会更频繁地使用它。思考下面的例子。

育儿小故事

结束游戏

西玛带着她四岁的儿子萨米尔去邻居家玩。孩子们玩得很开心，西玛在和邻居一起喝着咖啡聊天。过了一会儿，西玛意识到时间不早了，而她还有一个重要的约会，恐怕要迟到了。

“萨米尔！天哪，我们得走了。再玩五分钟，你就得和你的朋友说再见了！”萨米尔生气地看着她，“但我们在玩游戏！不！我不想走。”他跑出了游戏室来到了他朋友的卧室。西玛连忙追着他为自己解释：“萨米尔，来吧，我们得走！妈妈会迟到的！”“我不在乎！我不去！”她的儿子说。在跟萨米尔继续争辩并试图说服他自愿与她一起去之后，西玛放弃了。“好吧，你还有十分钟，然后我们必须走。”十分钟过去了，萨米尔再次拒绝。西玛的朋友提出她可以照看他，这样西玛就可以去参加聚会，结束后再来接萨米尔。西玛同意了，萨米尔继续和他的朋友一起玩。西玛对孩子感到恼怒，同时又很宽慰，她可以去参加聚会并且再也不用担心了。她也为萨米尔在她的朋友面前表现出这样恶劣的行为感到羞愧和尴尬。她不知道邻居是否会再次邀请孩子过去玩了。

练习一下

如何使后果有所不同？

想一想西玛以及她在如何处理这个事情。她做了一些可能会防止问题行为出现的事情。例如，她给了萨米尔和他的朋友一起游戏的时间，并在他们需要离开之前给了他一个五分钟的警告。遗憾的是，这些做法并没有起什么作用。当他从她身边跑开后，她立马跟了上去，这在确保他能遵循她的要求上是很重要的。然而，当她去追他时，她没有重复她的要求，或者为他的问题行为提供适当的惩罚，而是开始与萨米尔争论。这让情境变得更糟，西玛除了更多地耽误了约会的时间，还很尴尬。所以她放弃了，并没有坚持她的要求：让萨米尔与她一起离开。

思考下面的每一个问题，并在你的养育笔记上写下你的答案：

1. 如果在去朋友家之前，西玛就跟萨米尔讨论，甚至通过角色扮演来说明这一天如何结束，你觉得结果会有所不同吗？

2. 请牢记：重要的是要考虑孩子在某种特定的情境中是否有能力采取恰当的行为。你需要考虑他的年龄，是否已经学会必要的行为技能，还有什么其他的因素可能会影响孩子表现的成败。鉴于孩子的能力或情绪，如果西玛预料到孩子会发脾气，在这种情境中她是不是会更平静一些？如果她曾跟另一个妈妈讨论过事情在什么情况下可能会变糟呢？又如，她可以通过让萨米尔在车上做一些有趣的事情来改变他的主意吗？如果你在一个类似的情境中你会怎么想，会有什么感受呢？

3. 关于西玛能做什么，你还有其他的想法吗？记住，如果孩子停止了发脾气或其他问题行为，即使只是短暂的，你也应该强化这种停止问题行为的行为。

养育策略

对发脾气使用有计划地忽视

我们前面提到，因为孩子发脾气你就把你的指令取消时，你实际上会使发脾气更容易发生。同样，设置边界时也是这样。当你给孩子设置了一个边界时，孩子可能会开始抱怨或发脾气，想让你放松或取消这个边界限制。如果是这样的话，最有效的方法是保持你设置的边界，并使用有计划地忽视。我们在第6章介绍了这个策略，并将在这里回顾一下如何更加有针对性地处理发脾气的情况。

有计划地忽视意味着在非常特殊的情境下，即当孩子出现问题行为时，对他不予以注意。当孩子发脾气时，尤其是在你设定一个限制之后，做到以下几点是很有帮助的：

1. 如果孩子在 3~5 岁之间，可以这样说："你不喊（或者不尖叫等），我就和你一起玩游戏。"如果孩子超过了 5 岁，你可以这样说："如果你需要空间喊叫，那么请去你的房间，喊完了之后再出来。"

2. 当你说完这些之后，就开始忙别的事情。如果孩子更小，可能需要不露声色地看着他，以确保他的发脾气行为不会升级为扔东西或打其他家人等方式。

3. 一旦孩子停止发脾气，对他说："你能自己平静下来，做得好！"然后，你可以选择帮助他参与一个活动，帮助他实现这个转变，并向他传递出你对他积极行为的关注。

4. 等孩子停止发脾气之后，跟孩子一起承认被设定边界的体验确实不那么舒服，并重申当你设置边界时，你是认真的。例如，你可以说："我知道，你不喜欢我说'不'。但是，当我说'不'的时候，这就意味着不可能，无论你有多么难过或多么大声地对我喊叫。"

通过下面的练习，思考你会如何处理类似的因为你设置边界而导致孩子发脾气的情境。

练习一下

愿意和问题解决

你可以在你的想象中完成这个练习，为下次孩子发脾气或出现其他不良行为做好准备。它包含三个要素：（1）用正念的态度观察孩子行为的前因（触发因素）和结果；（2）对自己感受（无论是什么感受）的意愿保持觉察；（3）无论自己的感受如何，都保持一致性养育的承诺。

1. 花一点时间来回忆一个孩子发脾气的场景。尽可能地让你自己回到那个场景中。这是发生在哪里？你身边发生了什么事？什么触发了他发脾气？你在那一刻的感受是怎样的？你能记得任何的想法吗？你试图干预了吗？发生了什么事？你的行为的结果是什么？特别是当你为可能发生的事情做好了预防的计划时，而事情与你的计划不同，看看你是否能不带评价或判断地注意你的反应。

2. 现在先不去想这些反应，而是把注意力集中在你想成为什么样的家长以及在这一时刻“那个”家长会做些什么。你会说些什么？你会做些什么不同的事情？

3. 如果你注意到自己被不愉快的想法和感受带走了注意力或勾住了，温和地承认它们，并让自己重新回到当前的任务上。在孩子真的发脾气的场景中，这种“被勾住”的感觉也非常可能会发生在你身上。学习如何辨别你是处于当下，还是脱离当下，以及如何使自己回到当前任务上，是当孩子发脾气时进行有效干预的关键。

4. 在你的养育笔记上写下你的回应。下一次孩子发脾气时，尽量去实施你在这里设计的策略。注意在孩子发脾气的那个当下，你的体验有何不同，换句话说，你在那个时刻是否感到有什么不同。还要注意你在这个练习中提出的养育策略跟你以前尝试的方式有什么不同。

固执（或对抗）

对抗，是“固执”的另一种说法，它是儿童早期的一个标志。

它预示着孩子的自主性和独立性的发展。然而，当你给孩子一个指示，而他拒绝执行的时候，这也会使你产生令人难以置信的沮丧。当孩子处于危险之中的时候，你给孩子的指令尤其重要——例如，你告诉孩子要先看清左右再过马路。因此，教孩子遵守指令是很重要的。我们将提供一个称为“遵从训练（compliance training）”的养育策略来帮助你处理对抗行为。在第7章中，我们介绍了如何通过对行为的前因控制与结果反馈来鼓励良好行为的方法。在这里，我们将向你介绍一种称为“遵从训练”的技术，将有助于预防或避免孩子忽略你的要求和指令。

触发因素和场景

从定义来看，固执（或对抗），一般发生在你要求或告诉孩子做某事之后。引发固执的场景有可能会不同。干扰了孩子的游戏、在她累了或烦躁时（或在你累了或易怒的时候）给一个指令，或者给一个可能超出他能力范围的、具有挑战性的指令，都可能触发这个行为。你无须惊讶，这些触发因素跟引起发脾气的因素就是如此的相似。通常情况下，发脾气可能与不服从具有相同的功能：拒绝服从命令或要求。

无益的后果

孩子不服从你的指令可能有很多原因。例如，如果你曾经给出指令，但并没有确保孩子执行，她可能就形成了忽视指令的习惯。如果她每次不听你的话，你都没有给予结果反馈，就会如此。

养育策略

使用遵从训练

遵从训练可以帮助孩子建立起一些惯性的力量，由此他将更有可能遵循你的指令。这种方法是先让他在更容易的情境中习惯于听话，那么在更困难的情境中，即在过去他不可能听话的情境下，他也将会听话。要开始对孩子进行遵从训练，请尝试以下方法：

- 在你能够完全陪伴孩子的某一天，选择两三个五到十分钟的时间段。
- 尝试参与到他正在做的任何活动中。玩游戏是一个理想的情境，但其他活动也可以，如让孩子成为你的“帮手”，这是幼儿非常喜欢的事情。
- 选择一些可以给孩子的非常简单的指令，这些指令符合正在进行的活动的语境。例如，如果孩子正在玩游戏，你可以让他给你一个特别的玩具，或者给你一个参与的机会，或者告诉你他正在做什么。如果孩子正在帮你，你可以请求他拿东西给你，或者做一件占用时间不多的简单差事。尽量选择孩子喜欢做以及很有可能想去做的事情。
- 当你准备好6~8个可以给孩子的易于遵循的指令后，就去发出这些指令吧。注意你如何跟他说（参见第7章），一次一项指令，完成一项再给下一项。在孩子完成每一次的要求后，赞美他，并给他下一项指令。在他完成了一连串的指令之后，可以使用具体赞扬（参见第7章）来奖励他的“良好听从”。

随着时间的推移，如果你不断地练习这个简单的技术，孩子就会习惯于遵循指令。他也将得到这么一个经验：做由家长告诉的事情，就会不断得到赞赏。那时候，你就可以开始给予一些更困难但会伴随更大成功的指令了。通过下面的练习，看看如何找到适合孩子的遵从训练的机会。

练习一下

开始遵从训练

如果对于专门腾出时间来帮助孩子练习遵守指令，或者对于这样的方法是否有效，你有一些保留意见，那么请回顾一下你想成为什么样的家长，以及关于孩子你想要做些什么等问题。到目前为止，你已经多次思考这些问题，甚至在你的笔记上多次进行了记录。我们首先邀请你再次以任何一种能让你更有感触的方式回到养育价值上来：阅读你曾经写下的内容，想象与孩子一起玩耍，或者做一个正念练习。然后，现在，请做出承诺，开始遵从训练。

在你的笔记中写下，对你和孩子来讲遵从训练看起来会是什么样的：你将会在什么时候进行？你将会给什么样的指令？你将会怎么说呢？你会如何吸引和保持孩子的注意力？孩子遵循了指令，你将如何赞美他？记住，在相对容易的情境中的遵从训练，可以让孩子为在诸如孩子正有攻击性之类的更为困难的情境中遵循指令做好准备。

攻击

虽然攻击看起来似乎是一个非常严重的问题，但大多数儿童在儿童早期的某些时刻都会表现出口头或身体的攻击性行为。随着年龄的增长，孩子出现身体攻击的可能性会降低，但相应地，口头攻击可能会增多。对于女孩和一些男孩，这可能会在后来发展成被称为关系攻击的行为，如试图通过排斥、谣言、骂人等方式来伤害别人（通常是同龄人）。虽然这些行为都需要关注，但重要的是要记住：如果这些行为很少发生，那么它们就完全没什么问题。如果攻击性行为非常频繁且激烈，或者持续性破坏家庭惯例或同伴关系，我们鼓励你可以找一位心理学家谈谈，他可以支持你使用适当的养育策略，以建设性的方式处理这些行为。攻击性行为是一个非常重要的问题，需要在幼儿时期及时解决，因为如果不及时处理，以后可能会导致其他困难，包括在结交新朋友、维持友谊、学习社交技能，以及学校生活等方面遇到问题。

即使孩子只是偶尔表现出攻击性行为，设置牢固和明确的界限也很重要。虽然我们已经描述了许多促进适当行为的技巧，但学会如何以给予消极后果的方式防止问题行为（例如，攻击性行为）的发生同样重要。然而，有时，把攻击性行为看作孩子成长的历程中的一部分是很有帮助的，因为这表示孩子需要获得支持，以学习如何以更适当的行为来满足他的需求。因此，我们将讨论攻击性行为可能出现的常见情境，提供鼓励更适当的替代行为的策略，并描述如何通过明确后果来阻止攻击性行为的发生。

触发因素和场景

当孩子表现出攻击性的时候——不论是对你还是对他的同伴——重要的是要了解这种行为产生的语境。考虑以下情况，有时会引起年幼孩子的攻击性行为。攻击性行为可能是对以下情况的一种回应：

- 提出要求；
- 设定限制；

- 一种被忽视或不公平的感觉，例如有人拿走了一个玩具；
- 受挫。

这些只是幼儿出现攻击性行为的几个常见触发因素。你可能会观察到许多其他触发孩子的口头或肢体攻击性行为的情况。

无益的后果

就像任何其他行为一样，对你的孩子来说，若攻击有效，则更有可能继续。因此，考虑攻击的功能和后果是很重要的，问你自己这些问题：

- 攻击能让我的孩子获得什么？
- 孩子采用攻击性行为之后会发生什么后果？

如果没有明确的负面后果来制止儿童的攻击性行为，比如说在操场上欺负别人没有被发现，而这种行为又能让孩子得到自己想要的东西，那么这种行为就会继续下去。同样地，如果后果不一致，这也会使减少攻击性行为变得困难。

如果你的孩子偶尔表现出对你、家庭成员或同龄人的攻击性行为，那么请花几分钟阅读下面的故事，然后进行下面的练习。

育儿小故事

突然爆发的情绪

肯尼有三个孩子：两个三岁的双胞胎女孩和一个五岁的男孩。肯尼每周工作约 40 小时，他的办公室在家里的地下室。

他的妻子是一名学生，她还在外做着一份全职工作，所以肯尼负责大部分日常育儿任务。他整天都在家照顾三个孩子，他承认他非常沮丧。几乎每天，他的儿子都至少会打某一个妹妹，肯尼反复纠正儿子大喊大叫并向妹妹们扔玩具的行为。肯尼每次看到女儿哭泣，都非常难过。然后他就对儿子大喊："你为什么要朝她扔东西？"或者"你不应该打女孩子。"或者"她比你年龄小，个子小，你怎么回事？！"。肯尼太忙了，压力太大了，他没有意识到双胞胎女孩会嘲笑她们的兄弟，抢他的玩具。肯尼也没有意识到，由于他经常在电脑前工作，他的儿子除非搞出点问题，否则几乎得不到他的关注。

你或许可以很容易地看出为什么肯尼的儿子对他的妹妹们有攻击性行为。请注意：如果你没有被卷入那个情境中，那这些相关的语境因素是多么的显而易见啊！然而，很可能你曾经和肯尼一样处于这种境地——感觉孩子的行为问题就像是突然冒出来的，没有任何理由！如果你卷入孩子的攻击性行为中，那就很难去理解这些攻击性行为出现的原因了。

练习一下

处理攻击性行为

1. 现在花几分钟让自己体验肯尼的感受——困惑、沮丧、内疚以及其他可能存在的感受。

2. 现在，想象一下孩子表现出攻击性的情况。尽你所能，回到那个情境中——回忆一下周围发生的事情，你说了什么，听到了什么，感受到了什么。考虑一下攻击性行为出现之前和之后发生了什么。试着找出重要的因素。你需要运用自己的正念技巧：放慢脚步，放下评判，看看会出现什么。

3. 在孩子的攻击性行为出现的这一刻，坚守你的养育价值：你想了解除了有攻击性行为，她的其他方面呢？根据你自己对困难情绪的接纳与正念练习的经验，你想与她分享什么样的应对技巧？回到你充满正念觉知的、一致性养育价值的内在世界，你会为她设计什么样的后果？在你的养育笔记上写下你的想法。记住这些想法，警惕那些会触发孩子攻击性行为的场景。

养育策略

赚取特权——创造代币制

给予攻击性行为一个后果是重要的，而更为重要的是激励孩子使用其他方式进行沟通和满足他们的需求。然而，在处理攻击性行为时，这可能不是你首先想到的策略，因为你的主要目标是让攻击性行为停止。而且，建立激励计划以鼓励更适当的社交行为需要时间和努力。然而，这个时间值得花。为适当的社交行为提供奖励的一个非常有用的工具，被称为“代币制”。

什么是代币制，它是如何工作的

简单地说，代币制是一个系统，当孩子表现出期望的行为时，他就赚到了一个“代币”。然后，他就可以用这个代币来换取实际的奖励。对你来讲，钱就是一个代币，可以用它来换取自己喜欢的东西，你愿意为了这些东西而工作。因此，钱，虽然本质上只是印有数字的纸，但由于它与奖励联系在一起，它对你来说就具有非常重要的意义了。代币对于孩子来讲具有同样的功能。

以下是有效建立代币系统，并使其发挥作用的几个关键注意事项：

小而及时的奖励要比大而延迟的奖励更为有效。当你建立代币系统时，确保孩子在表现出你想要奖励的行为之后，能立即得到代币。

知道孩子能做什么，不能做什么，这很关键。如果你建立的这个代币系统，它对孩子来讲太难了，难以获得奖励，那么该系统将无法发挥很好的作用。同样，如果你让它太容易，那么对孩子来说，奖励将失去它们的意义。因此，注意孩子做出某一特定的期望行为的频率，然后你就可以计划如何通过给予代币来提升孩子做出该行为的频率了。例如，如果通常孩子向你提出请求时，十次中有五次会说“请”，那么当他十次中有六到七次说了“请”的时候，你就可以给他一个代币来鼓励他更频繁地表现出该行为。

确定孩子必须挣多少个代币才能换取一个更大的奖励。孩子年龄越小，兑换奖励的频率要越频繁——例如，在每次和小朋友一起玩之后，在一天结束时，或者甚至在上午结束时。对于年龄较大的孩子，则可以等上三到五天，再兑换更大的奖励。

决定你要奖励哪些行为。为了减少攻击性行为，你应该奖励什么样的行为？接受挫折是一个不错的选择：如果孩子在容易发火并产生口头攻击或身体攻击的情境中仍能有礼貌地讲话，或者即使情绪激动也能不表现出攻击性行为，那么就奖励他一个代币。用语言表达情绪，或者直到愤怒或沮丧的情绪过去再讨论个人的感受，也是非常好的可选行为。但是，这类行为对于这个年龄段的孩子来说难以做到，其实对于成年人来说，这些行为也并不容易，正如你在之前章节中通过一些亲身体验式的育儿练习已经知道的那样！

选择一些对孩子有意义且对你来讲可行的东西作为代币。所谓可行，我们的意思是容易记住、方便携带并且易于给予。贴纸或小卡片就是很好的选择。有些家长使用像玻璃弹球这样的东西，把它们保存在一个罐子里，这也是一个很好的想法。特别是对年幼的孩子，有形的东西对他们来讲是非常重要的。让代币可视化也是有帮助的，例如在冰箱上贴一张图表，这样孩子就可以看到她已经赚了多少代币。

和孩子合作讨论选择什么作为奖励。如果孩子年龄较小（两到四岁），那么可以列一个奖励清单，让他从中选择自己想要的东西。如果你不给孩子一个清单，他可能会提出过大、过贵或很耗时的奖励（例如，他要求每次他表现良好时就得带他去公园玩几个小时），换言之，不可持续的奖励。所以让孩子提要求可能会导致争执，因此，提供一个清单能使讨论更为简单有效。对于稍大一些的孩子（五到八岁），能较为容易地一起头脑风暴。你应该尝试使用一些最适合你的家庭和孩子发展水平的策略。有一些常见的奖励，例如，根据孩子的年龄，你可以考虑一些“物品类”的奖励，例如一个新玩具娃娃、一本书或一辆小汽车的模型；也可以提供一些“活动类”的奖励，例如和妈妈一起吹泡泡、和朋友一起去买冰激凌、睡在户外（或起居室里）的帐篷里，或者额外玩半小时的屏幕游戏等。

一个可以使代币制顺畅运行的提示是——用友好的语言跟孩子沟通清楚，孩子期待家长做什么，家长期待孩子做什么。例如，如果孩子年龄在两到五岁之间，你可以说："妈妈将在这一周的午餐时间里观察你，看看你是不是在用大男孩的方式说话，而不是在抱怨。这是我要为你做的事情。当我听到你在整个午餐时间都是用大男孩的方式说话，那我的任务就是给你一张贴纸。你可以选择任何你想要的贴纸，好吗？只要你用大男孩的方式说话，妈妈就得给你一张贴纸。当你拿到三张贴纸，不管是哪天，妈妈都会给你一个奖励。你记得你挑的那个拼图吗？好吧，当你在午餐时用大男孩的方式说话，并因此赚到了三张贴纸时，妈妈会给你这个拼图！你明白了吗？告诉我你如何能得到你想要的东西。"在解释这个制度时要充满热情。这会激发孩子，也有助于提高你的能量水平。

使用代币制的障碍

正如你可能会猜想的那样，设置代币制可能有些麻烦和耗时。孩子可能不会完全理解它的工作原理（特别是如果你的孩子年龄较小），除非进行一些初始解释，然后进行反复提醒。此外，有时奖励会失效。这可能会发生在孩子得到太多奖励时——过多的好事有时是无益的——或者因为其他原因她对奖励感到厌倦，那奖励就可能失效。解决这个问题的一种方法是偶尔改变一下奖励，或者提供一个"惊喜"，即你很肯定你的孩子一定会喜欢的某样东西。

请通过以下练习来探索你的孩子在实施代币制时可能会出现的障碍。

练习一下

哇，这很难！

如果以前你从来没有使用过代币制，从来没有看到过它是多么的有效；甚至即使你已经使用了一次，并看到了它的奇效，你也可能会认为这听起来像是一件困难的、复杂的、有风险的事情。感谢你的大脑对你的照料，然后花一点时间想一想，成为一位慈悲而高效的家长，就是意味着愿意做困难的事情，并会犯一些错误。能让代币制更加成功的一种方法是提前对可能遇到的问题和可使用的方法进行头脑风暴。

1. 在你的笔记中，描述你对使用代币制的所有想法、情绪以及其他反应。如果你对代币制有所顾虑的话，也请将顾虑写下来。例如，你可能会想："为了让这个方法奏效，我必须一直盯着她——否则我可能会错过我想要的行为，而她可能不会说实话。"你也可能觉得太累了，以至于你并不想花费精力来设计、解释和彻底执行一个系统。一些家长会说一些像这样的话："这个方法曾经对我的孩子是有效的，但它现在渐渐不行了"或"他不会在乎这些的"。

2. 现在考虑一下如何处理你的每一个顾虑。例如，你可能会保持正念觉知，允许自己是人（而不是神），允许自己错过对某些好行为的捕捉。在大部分的时间里（如果不是所有的时间）抓住她的好的表现并赞美她将是有效的。正如我们前面说的，你可能必须不断地询问孩子喜欢什么或想要什么，然后相应地改变奖励，知道这一点也可以帮助你应对一些挫折。

3. 现在请花一些时间，让你的意识转移到你希望你的孩子成为一个什么样的人的思考上。思考你有多愿意为了达成那些价值而做出艰难的努力。在你的笔记中写下你的回答。

养育策略

使用计时隔离

我们已经讨论了如何通过建立一个更加结构化的激励机制来鼓励适当的社交行为，现在我们将介绍“计时隔离”策略，这种策略是一种非常有效的遏制那些因为别人的注意而被保持下来的不当行为的方法。

什么是计时隔离以及它是如何起效的

计时隔离是阻止或减少不当行为的一种程序。当一个孩子做了不恰当的事情，如打破了“不打人”的规则，他会被坚定地告知：他的行为的后果是计时隔离。通常情况下，他得立即去或被带到一个安静的区域。而在计时隔离时，他没有机会获得“社会性强化”，例如游戏、注意或友情。他也应该没有机会接触到任何能让他转移注意力或进行娱乐的玩具或者其他东西。总之，计时隔离确实是，也应该是无聊的。在很短的时间之后，通常是几分钟（根据孩子的年龄，一岁一分钟是一个很好的指导原则），孩子被邀请离开计时隔离区并欢迎他重新回到正在进行的活动中。通常赞美他在计时隔离时表现良好，并提醒他如果再次打破同样的规则还会得到计时隔离这一后果，是有帮助的。

有效计时隔离的 10 个步骤

许多家长会错误地或不一致地使用计时隔离。这里的一部分原因在于在计划如何使用时出现了一些逻辑问题。对于第一次使用它的人，它看起来可能会有点复杂，所以我们把它分解成了如下的清晰步骤。请你先阅读这10个步骤，之后，我们将更仔细地分析每一个步骤。

1. 明确定义哪些行为会导致计时隔离；

2. 为计时隔离选择合适的地点；

3. 不要带着怒气执行计时隔离；

4. 当孩子表现出被禁止的行为时，先给予警告；

5. 如果再次违反规则，就必须接受计时隔离；

6. 可能的话，使用计时器，并设置较短的计时隔离时间；

7. 当孩子在计时隔离时，不要与他说话、对视、争辩，或者责骂他。

8. 如果孩子中途离开了计时隔离区，就要重新计时。

9. 当计时隔离时间到了，就结束隔离。

10. 有时候，帮助孩子重新回到正在进行的活动中是很有帮助的。

通过这10个步骤，你将会为孩子创造一个有效的计时隔离。现在让我们来仔细地看看每一步。

1. 明确定义哪些行为会导致计时隔离。对可能发生的事情做出明确的规定：如果你做了X，你就要去接受计时隔离。确保孩子知道和理解规则，确保这个对话发生在你们两人都很冷静，并且能相互倾听和理解的时候。

2. 为计时隔离选择合适的地点。对于年幼的孩子来讲，楼梯最底层的台阶是一个好的选择，走廊也不错，因为这些地方没有那些常见的使孩子分心的“东西”。有些家长会在一个相对整洁的、无趣的地方放一把椅子，用作计时隔离。这个地方应该是无趣的，周围没有什么玩具或其他的娱乐设施（如电视）。可以把这个地方固定为计时隔离的地点，除非你和孩子出门去办事或从事其他活动。理想情况下，无论你到哪里，都应该为计时隔离安排一个地点，让孩子在不烦躁的时候先熟悉这个地方。例如，考虑一下是否可以带孩子到商店外面进行计时隔离，或者你是否愿意让他坐在杂货店的过道上，如果把他留在那里，你是否会感到不安。如果你在一个陌生的地方，请记住，快速找到一个合适的地点是至关重要的。如果找不到的话，你可能需要考虑选择另一种后果，如缩短外出的时间或不让他参加一个有趣的活动。

3. 不要带着怒气执行计时隔离。当你使用这个策略时，尽量做到"就事论事"。你当然可以感到生气——不需为此而挣扎，但在你的行为上，请保持你的声音冷静而稳定。

4. 当孩子表现出被禁止的行为时，先给予警告。警告信号有助于孩子在行为和后果之间建立起牢固的联系。让孩子清楚如果再次这样做的话，下一步会发生什么。"如果……那么……"的陈述是非常有用的。你可以说："向哥哥吐口水是不好的。如果你再这样做，你就需要进行计时隔离。"这将给她一个自己纠正自己行为的机会。这将有助于提升孩子的自我管理能力。

5. 如果再次违反规则，就必须接受计时隔离。例如，你可以平静地声明："你的声音已经达到室外游戏的音量标准，超出了室内游戏中应该使用的音量，所以你将要接受计时隔离。"如果必要的话，你把他送到计时隔离的地方。当孩子出现问题行为之后要立即接受计时隔离，并记住不要只威胁孩子要接受计时隔离而并不真正执行。当孩子做了不当行为之后，这个后果必须一致而及时地跟进。如果你的孩子很小（两到四岁），你自己过去把他带到计时隔离的地方会比较合适。如果孩子再大一些，就让他自己去。

6. 可能的话，使用计时器，并设置较短的计时隔离时间。以孩子的年龄进行时间设置，一岁一分钟是一个很好的经验法则。有时，孩子会为计时隔离发脾气。你可以选择等孩子安静下来后再开始计时，也可以选择忽视她的脾气而立即开始。无论使用哪种方式，一定要带着你的正念觉知和使用有计划地忽视等技能。注意到她为了吸引你的注意而发出的尖叫声和对你的拉扯，但不做任何评判；让它们像云一样飘过，并有意识地把你的注意力引导到别处。

7. 当孩子在计时隔离时，不要与他说话、对视、争辩，或者责骂他。在计时隔离时与孩子交流会影响效果。还要确保他看不到电视以及没有玩具可玩。

8. 如果孩子中途离开了计时隔离区，就要重新计时。如果需要的话，把他带回计时隔离区，但不要再做过多的处理。如果需要做什么的话，就仅仅是把她带回去，不要有眼神的接触，也不要多说什么。然而，你可以说："你的计时隔离还未结束，你需要回去，直到时间到。"

9. 当计时隔离时间到了，就结束隔离。不要增加额外的惩罚或事后再责骂你的孩子。只要让他知道，当规则被打破，他将要经历的后果是什么。对预期行为进行温和的提醒是有效的，例如，"记得用室内音量说话"或"记得不要吐口水"。

10. 有时候，帮助孩子重新回到正在进行的活动中是很有帮助的。接受计时隔离时，她可能会觉得害羞或尴尬。因此，你可以通过帮助她恢复情绪和重新投入期待的活动中，来教会她这个有价值的技能。

就像使用代币制一样，正确地使用计时隔离可能也不容易。这个想法很简单，但实现它需要很多努力。在使用计时隔离时，要保持冷静和一致，以及避免争论和辩护，但是这个说起来容易做起来难。然而，你能练习和掌握这些技能，为在你需要时对孩子使用它们做好准备。正如我们前面提到过的，铭记你的养育价值也将帮助你更加致力于有效地使用计时隔离。

总结

在这一章中，我们描述了如何使用ACT和有效的养育策略来帮助你处理“见诸行动”的行为，包括：发脾气，反对规则和指令，以及攻击性行为。虽然有一些策略是在前面的章节中介绍过的，但现在我们提供了一些机会，让你思考如何对你的孩子使用它们，并以最好的方式为你和你的家人服务。我们讨论了如何识别触发情境和孩子行为的结果。我们还向你展示了如何通过真正地注意和改变孩子的触发情境来选择你的战场。我们还讨论了如何通过给予不同类型的后果来激励好行为和限制问题行为。最后，我们展示了如何使用诸如代币制和计时隔离的高阶策略。在下一章中，我们将讨论当你的孩子忧虑、恐惧和回避时，你该使用的策略以及如何使用它们。

第9章

ACT缓解焦虑

为焦虑的孩子提供支持

成长的不仅是孩子，家长也在成长。正如我们看着孩子在如何生活一样，孩子也看着我们在如何生活。我不能要求我的孩子去晒太阳，我能做的就是自己这样去做。

——乔伊斯·梅纳德（Joyce Maynard）

到目前为止，我们主要讨论了如何使用基于接纳承诺疗法（ACT）的相关技能来处理你年幼孩子的破坏性行为——比如固执、争吵和不听从指令。然而，还有些儿童可能是在与焦虑和恐惧斗争。与其他孩子相比，他们的性格可能更内向、更安静、更不喜欢冒险。也许孩子在不熟悉的地方或情境下会紧紧依偎在你身边，或者显得非常害羞。或许孩子极易动怒，因此需要极力避免那些容易引发其焦虑的人、事以及情境。作为家长你可能很难知道如何处理这些行为，比如，你是否应该尽力平复和安慰孩子？你是鼓励他直面恐惧还是允许他逃避恐惧？如果你鼓励他自己去面对恐惧，那会在某种程度上对他造成伤害吗？当孩子向你表明他在恐惧面前是多么脆弱时，你又有何感受？

本章我们将讨论那些因孩子的焦虑和恐惧而困扰的时刻，以及从 ACT 的角度你可以做些什么来帮助他。首先，让我们看看下面这个故事。

育儿小故事

艾比和她的母亲

“妈妈，我不想让你走，请留下来。万一出了什么事该怎么办？”艾比说。“亲爱的，没事的，”妈妈回答，“你在担心什么呢？我马上就回来了。我们只是出去吃个晚饭。”“但是，妈妈，求你了，我一点都不喜欢你不在的感觉！要是发生了什么事，该怎么办呢？我到时都不知道你在哪儿！”艾比恳求到。“艾比，我得出去。会没事的，你可以随时给我打电话。”妈妈回答说。“但是，妈妈！”艾比现在已经涨红了脸，眼睛也红了，急得跳上跳下，双手攥紧：“妈妈，求你了，你不在的时候，我真的非常害怕，我不想有那种感觉！求求你，不要走，求你了！”

艾比母亲的内心十分煎熬。一方面，她想：“可怜的艾比，她看起来很担心，她的小身体也很紧张。”另一方面，一丝愤怒在她心中闪过：“这有什么大不了的？为什么她就不能放手呢？为什么我就不能哪怕有那么一次，无须经历这样令人心力交瘁的场面就能出门呢？”随即她又产生了这样的念头：“我真是太自私了，我应该留下来陪她的，该是多糟糕的母亲才会有这么自私的念头？”

艾比的母亲不知如何是好。她知道艾比最终需要和她分离并学会独立，但是她担心现在放手逼女儿独立是不是太过心急了。而且尽管她觉得她需要也应该有“放手的时间”，但是她仍然担心现在还不是时候。离开感觉不对，留下同样觉得欠妥。她叹着气，感觉无所适从。

你、你的孩子以及焦虑

你对孩子的焦虑以及相关的行为也有过同样的困扰吗？如果是这样，可以肯定的是你并不是一个人——你的孩子也不是唯一一个有这种行为的孩子。有些家长面对孩子的强烈情绪会表现出沮丧，而有些家长则是尽力安抚孩子的恐惧。理解孩子的强烈情绪，尤其是那些让你感觉不舒服的情绪，并为它们创造表达的空间，是一项艰巨的挑战。就像许多家长一样，你可能会把自己孩子的担忧视作要解决的问题或是需要避免的挑战。焦虑是一种无论我们是否愿意都会经历的自然而必要的情绪，理解这一点很重要。所有的孩子——所有的人，实际上都会经历担忧和恐惧。焦虑本身就是一种正常的人类体验，包括相应的情绪、想法以及感觉。有时，孩子可能会以一种积极的方式体验焦虑，比如，他很紧张地期待着一场聚会或是其他有趣的活动。另外，有时他会以不那么愉快的方式体验焦虑，比如，他在学校犯错误后的担心，或是在小区散步时看到一只似乎很危险的狗后的紧张。似乎是这种令人不悦的焦虑体验更为常见也更令人烦恼。然而，即使是这种焦虑或恐惧，也只是生活的有机组成罢了。

当你的孩子感觉到焦虑，并且这开始干扰他在学校、与朋友相处或是家庭日常生活中的正常功能时，身为家长的你就会开始担心了。同样地，当你感觉焦虑，或许是关于孩子、教育方法或是其他的压力源，你可能也会意识到焦虑影响到了你的正常功能。现在让我们更仔细地分析幼儿期孩子的担忧和恐惧，思考如何支持焦虑的孩子，以及如何使用 ACT 策略让自己变得更加有觉察力和更能接纳自己的焦虑，从而成为慈悲和高效的家长。

恐惧、焦虑和担忧是什么

当我们谈及如何应对孩子的焦虑时，先理解恐惧是一个有用的起点。恐惧仅仅是在面对真实的或者感知到的危险或威胁时的一种反应。正如我们之前提及的，恐惧包含身体感觉、想法和情绪。恐惧发生时，孩子的交感神经系统（控制战斗或逃跑反应）会“加大马力”，以调动她的身体对感知到的危险做出反应。这一过程发生得十分迅速，通常是下意识的。有几个理由可以很好地解释这一点。比如，当孩子看见一只令人恐惧的狗向她跑来时，她很可能会经历心率加快、肌肉紧张、呼吸加速、手脚发麻这一系列的身体反应。她也有可能会注意到她的注意力变得狭隘，只能看见不断逼近的狗。和这一危险相比，周边发生的任何事情似乎都是无关紧要的。所有这一切的发生都是为了帮助她迅速摆脱伤害。这不需要思考，因为在这种情景中，她的身体需要准备好做出简单的反应，而且要快。然而，一旦威胁过去，她的副交感神经系统会指导她的身体恢复到休息状态从而回归平衡。

焦虑感受和行为回避

与恐惧不同，焦虑通常是指与危险预期相关的一种不安感。我们从两个方面来看焦虑：焦虑的想法和感受，以及对所焦虑的情景或事情的回避。这样的回避可以是对某个场所或其他外部事件的回避，也可以是对想法、感受或其他内部事件的回避。事实上，在没有任何真实危险出现的情况下，不停地担忧，或者在脑海中一遍又一遍地回放那些引发焦虑的想法，是经验性回避的一种形式。有些人认为反复进行“假如……会……”的思考会创造更多的可能性，从而在某种程度上让事情变得更为可控或可被预防。然而，担忧已被证实会阻碍人们以一种接纳的态度来更好地应对焦虑。例如，如果你过于关注你的担忧，那么你就无法再关注身边正在发生的其他潜在的令人愉快的事情了。

正如你可能会猜到的那样，每个人体验到的焦虑是完全不同的，即使是同一个人，在不同时间、不同情境下体验到的焦虑也不一样。你的孩子对某一特定事件产生的焦虑情绪和他的气质有一点关系，和他的学习经历有很大关系。有些孩子和其他小孩相比更容易焦虑，这在某种程度上也反映了他们是如何“构成”的。焦虑的更大一部分与孩子过往的经历有关，以及他如何看待你对自身焦虑和他的焦虑的反应。孩子通过直接经验和观察他人来学习很多包括焦虑在内的事物。例如，如果孩子看见你面对蜘蛛会躲避或是恐惧，那么她在遇到蜘蛛时也会变得犹豫不决。孩子的焦虑程度也和她赋予焦虑事件或 / 和焦虑本身的意义有关。但这仅仅是故事的一部分。有时候，当孩子体验焦虑时，他们会回避令其害怕的情境。尽管这在短时间内减轻了他们的痛苦，会使他们感觉更轻松，但是从长远来看，焦虑情绪可能会蔓延到其他情境，使他们无法再做那一类的事情或是与那一类人相接触，尽管那些人和事对他们来说很重要。这里有个小故事可以说明这一点。

育儿小故事

莱纳斯需要安慰

莱纳斯是一个 8 岁的小男孩，他的父母形容他是一个杞人忧天者。他总是严格执行各种计划：需要知道接下来将发生什么，他的父母将要去哪儿，什么时候回来，或者他们什么时候会去学校接他。当他的计划被打乱或者什么事情与事先说好的不一致，他就会变得非常沮丧。有一次，他妈妈比预计的晚了 15 分钟才去接他，据学校辅导员说，他当时伤心欲绝。他不能说出为什么。他要求就所有这些问题给予很多保证，而有时如果他感到不放心，他就会变得非常固执和好争论。同时，他也非常怕黑。他坚持要开着灯、开着门睡觉。而且他的父母必须和他一起完成一套非常特殊的睡前仪式——他们必须读三个故事，亲吻他的脸颊，然后给他盖好被子。他的家长经常感觉他们不得不满足这些要求，因为不然的话莱纳斯就会发脾气，赌气不睡觉，甚至到了莱纳斯没法一个人在房间里睡觉的地步。同时，他也从来不去朋友家借宿，因为如果父母不在身边他会难以适应。因此，他经常感到悲伤和孤独，他的朋友很少。他的家长不知道怎么办才好，看着自己的孩子陷入与恐惧的斗争，而自己只能束手无策，悲伤不已。

儿童早期的担忧和恐惧

正如我们之前提到的，所有儿童都会担忧和恐惧。然而，恐惧的类型会随着孩子的成长发生相应的改变，因此思考儿童早期面临的恐惧类型就显得十分重要。为了帮助理解正常的发展性恐惧和病理性恐惧之间的区别，研究人员研究了每个年龄段最有可能出现的恐惧类型。接下来我们将描述常见的儿童早期恐惧。

在婴幼儿时期，孩子经常会害怕巨大的噪声、陌生人、新地点，以及怕高。他们会通过向家长寻求庇护的方式来表达自己的恐惧，或是在感到焦虑时限制自己对外界的探索和玩耍。当孩子进入学前时期，他们会倾向于害怕独自一人或家长不在身边，或是怕黑，害怕动物和想象的生物。在这个年龄段，分离恐惧和夜间恐惧是最常见的。这些恐惧可能会导致孩子排斥被送进日托中心或者幼儿园，或是不愿意睡觉。到了学龄期，他们的社交需求和感受力变得更加复杂。因此，他们可能表现出对他人负面评价的担忧。他们也会经历对行为表现的恐惧，对生病或是身体伤害的恐惧，以及对超自然现象（比如鬼）或自然灾害的恐惧。暂时性的恐惧是正常发展的一部分。因此，上述发展阶段出现的恐惧类型都是可以预期的，不太可能引发大的问题，尤其是如果这些恐惧仅仅伴随着轻度的回避或不安，它们会随着时间而消失。

如何确定这是一个问题

焦虑是一个由少到多的连续体，所有儿童（和成人）都会定期经历不同程度的焦虑。然而，即使恐惧的内容——例如陌生人恐惧或是黑暗恐惧——和其所在的特定年龄阶段一致，但是如果恐惧感过强，造成严重的痛苦和/或回避，过了该发展阶段还在持续，那么你的孩子仍然有可能会面临更大的问题。即使眼前并没有任何现实的压力源，你的孩子也可能会感到焦虑，或者担忧不好的或是令人恐惧的事情会在将来发生。他可能会反刍，一遍又一遍地想某些事情，因而变得愈发焦虑。他可能会经历与现实程度并不相符的焦虑。如果焦虑没有缘由，或是你的孩子认为焦虑本身非常强烈或危险，那么她的思绪便开始围绕着自己的焦虑打转了。也就是说，她会担心自己焦虑过度，她也会对自己停不下来的焦虑感到困惑。她可能会担心自己有什么问题，因为她无法停止担心和焦虑。这会影响到日常功能，并成为你的孩子和你的家庭的真正问题。如果你和孩子正经历这样的情况，接受咨询将对你的孩子大有裨益，所以你可能要考虑寻求专业帮助。

ACT 如何发挥作用

即使你认为你的孩子的恐惧和焦虑对他那个年龄段的孩子来说是正常的，但如何应对这一情况，以及更重要的如何支持孩子，仍然可能是一项挑战。很常见的情况是你陷于一种无效的处理模式。这种模式被称作迁就，它会强化孩子对恐惧情形的回避。在接下来的章节中，我们会讨论一些典型的对儿童早期焦虑产生迁就行为的触发情境，并借助 ACT 帮助你发展更为有效的应对策略。你可以借助这些策略以一种同理而坚定的方式来应对孩子的焦虑，帮助他们学会接纳焦虑而不是一味回避。你会发现即使恐惧的内容千奇百怪，但是大致的解决原则是相同的：在服务于你选择的养育价值的原则下，示范和鼓励孩子接近、愿意、接纳恐惧的东西。

分离焦虑

你的孩子，就像其他许多孩子一样，可能会经历分离焦虑，尤其是当他要开始去日托中心或是上幼儿园的时候。他可能会眼泪汪汪，抱着你，恳求你，有时甚至因为要与你分开这一事实而变得固执和愤怒。他可能会因此寻求安慰。这样的情形对这个年纪的孩子来说是十分常见的。如果你的孩子处于学龄期，她的分离焦虑可能表现为拒绝上学，过度检查或确认你的行踪，或是在学校出现各种身体不适

（比如头痛或者肚子痛）。分离焦虑会随着压力源与场景变换而产生和消失。绝大多数儿童都能迅速地从焦虑中恢复过来。但对于另一些孩子来说，他们太过焦虑以至于和家长处于不同的房间对他们来说都是一个极大的挑战。这种强度的焦虑可能会引发其他担忧，比如担心在分离期间家长会遭遇不幸。经历过某种创伤的孩子也可能会经历此种挣扎。

如果你的孩子表现出分离焦虑，你采取的策略会决定你是在帮助她还是妨碍她更好地进行调整。考虑家长养育行为的功能，即你为什么做你所做的事情（参见第 4 章），来帮助你判断你所采取的策略是支持了孩子还是无意中加重了她的恐惧。例如，你的行为是向孩子传递了在你离开后一切都会没事的信息还是她最好别单独行事。温和但快速坚定地告别传递的是前一种信息，而犹豫不决和反复安慰则会给孩子"教室是一个有潜在危险的地方"的暗示。另外，支持孩子培养独立性的最好方式是探寻她行为背后的原因。如果你能弄明白是什么导致了孩子不愿与你分离，你就可以帮助她克服这种恐惧。而为了理解这一点，让我们从确认孩子产生分离焦虑的触发情境和场景事件开始。

触发情境和场景事件

身为家长的你很难看着你的孩子经历着焦虑或是恐惧的情绪而坐视不管，因此，像绝大多数家长一样，你觉得自己应该去安慰他，帮他驱走恐惧。然而，正如我们在本节之前提及的，竭力驱赶某种情绪通常是毫无帮助的，甚至可能会适得其反，把事情弄得更糟。例如，把孩子的分离焦虑想象成饿了就会咆哮的幼虎。如果你和孩子给这只幼虎喂食，那么它会暂时停止咆哮，但是幼虎会慢慢长大。一段时间后，它仍然会因为饥饿而咆哮，而且这一次它的咆哮声会更大。孩子的恐惧就如同这只老虎：你和孩子越想让恐惧消失，恐惧感就会变得越持久和强烈。接下来的练习将帮助你专注于恐惧的触发因素和后果，以及你和孩子行为的功能。

练习一下

焦虑和回避的起因和结果

回想一次孩子坚持不要与你分离的场景，或许是第一次参加夏令营或入学。尽可能地回想起更多的细节。

1. 确认情境：你和孩子在哪儿？孩子坚持不让你走时周边是怎样的状况？

2. 确认孩子的经历：写下与你分别前孩子的行为表现。他正在做什么？他的表情和姿势是什么样的？他说了什么？

3. 确认你的行为：你是怎样回应的？你做了什么？写下尽可能多的细节。

4. 确认孩子行为的结果：孩子的行为经历了什么转变？现在写下短期的后果——短期来看，在这一情景下孩子都经历了什么？

5. 确认你行为的结果：使用这一策略后，你的想法和感受立刻发生了什么？它们有变化吗？你能描述一下自己是感觉更好还是更糟了吗？

6. 思考长期结果：下一次你不得不与孩子分离时，你觉得会发生什么？

从这次练习中你学到了什么？你注意到你的想法和感受会影响你应对孩子焦虑的方式了吗？你选择的行动起到了帮助作用吗？长期来看呢？如果你像绝大多数家长一样，那么你可能会对鼓励孩子直面恐惧感觉不舒服，但有时那正是家长需要做的。

行为技术已被证实可以很好地解决孩子的焦虑，但无一例外，这些技术都包含着某种形式的暴露，即愿意面对恐惧。然而，身为家长的你可能对此感觉十分痛苦。在我们的临床工作中，我们一再看到，与愤怒和争吵行为相比，家长更难为孩子的焦虑和回避设置限制。这很有可能与孩子的焦虑在你心中的意义有关。请尝试下面的练习，探索你可能赋予了孩子的分离焦虑什么样的意义。

练习一下

对孩子焦虑的正念觉知

1. 回想孩子不想和你分离的某个具体情境。

2. 尽可能多地还原情境细节：你在哪儿？孩子当时是什么表现？你们各自是什么样的表情？你们都说了什么？把自己完全代入这次分离体验。

3. 现在让你的意识转向内部——关注你在那个情境下的想法、感受以及身体感觉。有些家长可能会有下面这样的想法："如果我把他丢在这儿，他可能会哭到生病"或者"我走之前得帮他平静下来"。还有许多家长会因为自己的孩子当众大吵大闹而感到内疚和尴尬。写下当你试图和孩子分离时你的想法、感受和身体感觉。

4. 接下来发生了什么？短期和长期的结果是什么？

5. 反思以下问题：如果你总是庇护着孩子，注视她的一举一动，为她保驾护航，那她有可能学会自我独立吗？如果你因为尴尬而屈服，留下来安慰你的孩子，你是否能够做你需要做的事情（例如按时上班）？如果你在意这会让孩子感觉被抛弃，那你是否平时忽略了通过鼓励发展孩子的独立性来帮助她感到自我的强大呢？

考虑这些问题是什么感受？当你回答这些问题时，你有哪些想法和感受？如果你像大多数家长一样，你可能会把很多事情归咎于孩子表现出来的焦虑，比如："这可能会伤害到他"或"他一个人处理不来"。这些反过来会影响你将如何应对分离情境。如果你选择留下来"帮助"你的孩子，尽管这可能会给他一些安慰，但长期来看那并不是最有帮助的策略。接下来，我们会讨论一些能帮助你和孩子管理分离情境的工具。

养育策略

有用的分离技巧

分离焦虑需要"分离技巧"——当孩子害怕离开你时，你可以做一些有用的事情来支持她。现在你已经完成了上面的练习，你知道当孩子表现出分离焦虑时你会想到什么。即使你会体验到这些想法和感受，你是否仍然愿意采取坚定的行动去支持孩子？如果是这样，请参考下面的分离技巧：

- 承认孩子的恐惧体验，感同身受。不安慰，也不企图减轻她的恐惧感。不要尝试劝说她不要恐惧。
- 如果孩子是学龄前儿童，制定一个早上"告别习惯"。告别可以在家里也可以在上学路上进行。具体地、细致地描述这个习惯的细节，然后坚持这一习惯。
- 当你离开孩子时，蹲下来看着她的眼睛，让她知道你爱她。承认她的焦虑并对此抱有同理心，告诉她一切都会没事的，她会顺利地度过这一天，然后离开。
- 有时候提前找孩子的老师寻求帮助也是一种有效的手段。老师在你离开时可以抱起孩子，让她在教室的一角哭泣或者焦虑，然后帮助她投入最喜欢的课堂活动中。

- 如果你已上小学的孩子拖拖拉拉或拒绝上学，那么行之有效的策略便是建立一套能支持更及时进行晨间准备任务的代币制（参见第8章）。
- 配合代币制，给拒绝上学的行为设限。除了奖励，制定轻微的处罚后果，比如失去某种特权，有时能有助于促进孩子上学。
- 如果孩子在你离开时大声抱怨或是过度寻求安慰，那么请使用有计划地忽视策略（参见第6章）来帮助她减少这些行为。

记得下面的四步法能帮助你的孩子勇敢地面对与你的分离：

1. 感同身受但不安慰她。
2. 赞赏他的勇气。
3. 忽视她抱怨、寻求安慰和抗议等行为。
4. 快速而坚定地离开或送别孩子。

合理使用以上四步有助于支持你的孩子直面她的恐惧。尝试下面的练习，更具体地考虑如何和何时使用这四步。

练习一下

利用四步法激发勇敢行为

1. 在你的养育笔记中，写下你个人有关上面列出的四步法的具体操作方法。（例如，在感同身受但是不安慰的步骤，你可能要对你的孩子说："有时候觉得恐惧是很正常的，想要哭也是很正常的。

我也会有害怕的时候。我甚至也会担心离开你，就像你在担心一样。但是有时候我们需要去做那些我们害怕的事情，因为我们只有直面这些恐惧才能收获某些重要的东西。我知道你可以一个人走进教室。放学见，宝贝。”）

2. 想一想现在，你和孩子是如何管理分离情境的。列出你当前的体验与你在上面一个练习中写的有什么不同。这会帮助你思考，为了到达你的目的，现在的你还需要付出哪些努力。你可能会注意到你目前管理方式的优点，你也可能会注意到一些你需要改进的地方。

3. 在你考虑这些改变时，让你的意识轻轻地专注于你的所想所感。花几分钟时间把这些记录下来，并反思之前的列表。你可能会注意到有些改变看上去似乎比其他改变来得更容易一些，而你的大脑会喋喋不休地说其他改变难以发生。写下阻碍改变发生的障碍。（比如，你可能会有以下想法：我不能让她哭，因为听到她哭我的心都碎了。这样的想法会阻碍你使用忽视策略。）考虑所有四个步骤，在实施以上四步法时你会面临哪些障碍？

4. 关注那些障碍和实践意愿。集思广益，想想如何减少对孩子和你自己的评判，做到更多接纳。写下你认为你的实践意愿将如何改变你应对这些障碍的方式。

5. 现在做几次深呼吸，想象把障碍放上云端，看着它们随风飘走，你则继续遵循四步法。

综上所述，许多年幼的孩子都会经历分离焦虑。事实上，这是正常的成长转变。身为家长的你知道采取何种手段帮助孩子渡过她的分离焦虑，这一点很重要。正如你发现的那样，你的想法和感受会影响你如何选择教育策略。然而，使用 ACT 技巧能帮助你支持孩子的勇敢行为——比如上学时与你分离。接下来，我们将讨论儿童早期恐惧的另一个不同领域：社交焦虑。

社交焦虑

学龄前儿童在社交场合也可能会表现出犹豫或不安。对年幼的孩子来说，表达自己的社交恐惧是一件很困难的事情，因为他们的情绪理解与表达能力刚刚萌芽。社交恐惧可能表现为不愿意和其他小朋友一起玩，或者（当孩子数量比较多的时候）倾向于站到旁边观察而不是参与群体活动，又或者无论是与孩子还是与成人的交流都很少。有的时候，当孩子感到社交焦虑时，他们会紧紧黏在家长身旁。稍大点的孩子的表现也很类似，尽管这些学龄前儿童可能已经更善于表达自己的担忧。无论程度是轻微还是严重，社交焦虑的核心特征都是害怕尴尬和/或被他人审视。这种恐惧可以泛化到所有情境，也可以只限于某种特定情境，比如表演、公开演讲或者大型集体游戏。我们常常能够看见或听到这样的例子，某个小朋友很聪明，所有答案都知道，但是在课堂上就是不开口，这是因为他们害怕显得愚蠢或是被同学嘲笑。

触发情境和场景事件

如果你的孩子表现出社交焦虑，确定具体在什么类型的情境下，或是与哪类人互动时情况最严重通常会有帮助。同样地，确定孩子在什么社交情境下觉得舒适，甚至游刃有余也十分重要。如果你能判定是什么情境引发了孩子的社交焦虑，那就会帮助你更细致地掌握在不同场景下孩子倾向于回避的等级程度，也就是我们说的焦虑等级。焦虑等级好比一把“梯子”，最底层是轻度恐惧，中间是中度恐惧，最顶端则是重度恐惧。我们利用这一工具来帮助孩子循序渐进地面对恐惧。你掌握的焦虑等级可以用来帮助孩子一步一步体验（或接近）这些恐惧的情境。这样一来，你将帮助她以一种易于掌握而又不会感到不知所措的步伐来面对她的恐惧。在你开始建立焦虑等级时，以下几点可供参考：

- 孩子在哪种情境下最焦虑：一对一、小群体还是大群体？
- 孩子是在家人面前还是陌生人面前更焦虑？孩子是在同龄人、比他小的孩子、比他大的孩子还是在成年人面前更焦虑？
- 孩子在哪种场景下更焦虑：学校、操场、商场、超市、游乐场、学校自助餐厅、公共汽车或是其他场景？
- 孩子在哪种活动中会更加焦虑或者更少焦虑——是有组织的游戏还是无组织的游戏，是类似于聚会这样的社交活动，还是与朋友或熟人一起去看电影这样的活动？

尝试做下面的练习来为自己的孩子建立焦虑等级。请在完成练习的过程中思考以上问题。

练习一下

孩子的焦虑等级

1. 请想象一把梯子。如果能有帮助，请在你的养育笔记中画一把梯子。梯子的每一阶都代表孩子的一种恐惧。每一阶对应一个具体的事物或事件（包括想法和情绪，也包括外部事件，比如走上讲台）。最下面的一阶上放孩子相对最不害怕的事物——只有很轻微的恐惧，只伴随着很轻度的痛苦或者非常少的回避。下一阶是让孩子稍微多一点痛苦的，最高阶是孩子最恐惧的事件或情境。一阶一阶地写下来。

2. 现在再看这把梯子，去留意——仅仅是去留意——你看向梯子上每一阶时分别有什么样的想法和感受。把它们写在你的笔记中。请记住这些情境对孩子的影响是会随着时间以及孩子的经历而发生变化的。例如，在孩子因为其他原因感觉疲惫或是变得脆弱的时候，那么即使是梯子最底部的内容也会令他无法忍受。同样重要的是，不要过快过猛地要求孩子。这样做只会让他更抵触社交活动。因此，有效的做法是和孩子合作去建立焦虑等级，决定从哪一级开始。如果孩子和你共同决定了开始尝试的等级，那下一个关键步骤就是帮助孩子待在这个具体情境里，直到孩子对此的焦虑减弱。这有助于孩子意识到恐惧就像其他任何情绪一样，都会来了又去。这也有助于他理解恐惧并非总会“成为现实”：例如，如果一个孩子害怕的是同伴会奚落或是取笑他，但那并不一定会发生；即使发生了，情况也不一定会像他想的那样糟糕。最终，这样可以给孩子带来一种前所未有的社交体验。如果孩子愿意主动选择去面对他的恐惧，而不是在会激发焦虑的情境中被动地感受这种“大脑一片空白”，那社交对他来讲就会显得不那么可怕了。

养育策略

应对社交焦虑的有用技巧

我们之前提过孩子会通过自己的经历直接学习。然而，他们同样会间接学习，通过观察其他人（比如家长、看护人、老师和朋友）来学习，也会通过成年人告诫的想法或教条（比如“大型犬是十分可怕的”）来学习。请思考下面这个间接学习的例子：一个孩子有社交焦虑并不意味着她曾经在去拉朋友的手时遭遇过尴尬或被拒绝，她没有直接经历过创伤性的社交事件并不意味她的社交焦虑就是不真实的。理解这一点很重要，因为有时候你听到自己的孩子向你吐露她的焦虑时，你可能会有你的看法。比如，你可能认为孩子的焦虑并不合理或者“并没有那么糟”。孩子可能真的没有直接经历过让她焦虑的事件，但是她的感受确实是真实的。

间接学习还带来另一方面的启示。因为孩子同时会通过观察他人进行学习，所以身为家长的你可以树立一个良好的榜样，向他展示在社交场合应该如何表现，以及在并不如你所愿的社交互动中该如何应对。在这一部分，我们将介绍示范的方式，即通过展示你自己特定的行为或者应对方式来教育孩子。这是一种间接的教育方法，如果利用得当，能够有效帮助孩子学会接纳而不是逃避恐惧情境。首先，尝试下面的练习，思考你心中最具社交技巧和适应力的高人如何应对可能会尴尬的社交场合。

练习一下

让它如同水珠般从后背滑落

1. 想想你知道的某个成年人，总是以一种很“酷”的方式看开一切。想象他身处某一尴尬的场景。尽可能详细地想象你选择的情境。比如，你可能会想象这样一个棘手的场景：这个人正在人来人往的商场里，孩子正在大吵大闹。更糟糕的是，此时商场工作人员告诉他们，如果家长不能让孩子听话，那么他们全家人都得离开。

2. 这个人正在做什么？他正在说些什么？他的面部表情是怎样的？其他人是什么反应？

3. 请思考你在同样尴尬的情境下通常会有的行为方式和这位人士所用方式的异同点。在你的养育笔记中，写下你对自己行为的感受。

4. 请开动脑筋，思考你如何能给孩子树立行为典范，“让恐惧如同水珠般从后背滑落”，支持他走出恐惧。阅读下面的例子，开启你的行动。

育儿小故事

他们是在嘲笑我吗？

七岁的贝丝和妈妈凯特一起坐在操场的长椅上。附近有几个和她差不多大的孩子，但是贝丝并不打算加入他们一起玩，她只是在一旁饶有兴致地看着。妈妈凯特问道：“贝丝，你为什么不跟他们一起玩呢？”“我害怕，妈妈，我觉得他们会笑话我。”那些孩子确实曾朝着贝丝的方向看过几眼并大声笑过。“嗯，”凯特说，“那你觉得怎样更有趣，是坐在这里还是认识几个新朋友一起玩？”“我不知道，”贝丝说，“坐在这里很无聊，但是万一那几个女孩儿不友好怎么办？”“嗯，”凯特回答道，“我能理解。这是个两难的选择，不是吗？”“是的。”贝丝说。凯特注意到坐在另一个长凳上的一群女士正闲聊打趣。“你得清楚，贝丝，我也喜欢交朋友，但是有的时候我又不敢迈出这一步。我能感觉到我身体的紧张——我感觉胸口压紧，心里七上八下。有的时候我担心别人不会喜欢我，或者他们会因为我偶尔做的蠢事笑话我。你是不是也那样觉得呢？”“是的，就是那样！”贝丝说，“感觉糟透了。”“我知道！”凯特说，“我也有些许不安，但是你知道吗？我想要认识新朋友，所以我打算过去跟那些女士打招呼，尽管我觉得紧张，也担心‘或许他们会笑话我’。我这就去了！你就看着我是怎么做的吧。”“好的！”贝丝答应。

贝丝看到当妈妈靠近的时候那群女士停止了说话，然后开始微笑并与妈妈握手。贝丝注视妈妈的时候，有些女士转过头来看着她。“那是我的女儿，贝丝。”她听到妈妈说。“你们想要认识她吗？”其中一位妈妈说道。一些孩子靠过来，用期待的眼神看着贝丝，凯特微笑地看着贝丝，下一步就看她的了。

在上面的故事中，凯特亲身示范了一些非常重要的技巧来帮助她的女儿应对社交焦虑。尤其值得注意的是，通过表达她的理解以及分享自己在经历焦虑的想法、感受以及身体感觉时的脆弱感，她对女儿表达了共情。她和女儿一起讨论了这个场景，认为行为是一种选择，帮助孩子意识到除了单一的逃避，应对恐惧还有多种选择。最终，她以身作则地示范了接纳和愿意去体验自身的恐惧，并且带着自己的恐惧做出了有价值的行动：把自己介绍给可能的新朋友。同样值得注意的是，凯特在这个场景中没有去做的那些事情：第一，她没有否认女儿的恐惧或者试图把它最小化。第二，她没有强迫女儿去接近其他孩子。第三，凯特乐于接纳孩子的选择带来的后果：无论贝丝是选择接近那些女孩儿或她们的母亲，还是选择继续坐在长凳上。最后一条尤其重要，因为这向你的孩子传递了这样一种信息：她可以自己做选择，并承担相应的后果，无论是积极的后果还是焦虑性的后果。简言之，这有利于培养孩子的独立性以及对恐惧的控制力。

其他常见的儿童早期恐惧

到目前为止，我们已经讨论了两种常见的儿童恐惧类型。你的孩子也有可能经历其他类型的恐惧。下面我们将讨论其他一些比较典型的恐惧，我们会给出一些练习和与之相对应的 ACT 策略建议，以帮助你和孩子更有效地应对这些恐惧。

动物恐惧

害怕动物，比如害怕陌生的狗狗，这在儿童期是十分正常的。具体来说：一个“害怕”蜘蛛的孩子可能会说她讨厌蜘蛛，看见蜘蛛的时候会尖叫，会让别人帮她清理走蜘蛛，但接着她会继续她的生活。但一个“恐惧”蜘蛛的孩子甚至可能都没法看一本画有蜘蛛的书，可能会回避那些听人说曾有蜘蛛爬过的房间，也有可能会因为曾碰到过蜘蛛而拒绝在后院玩耍。

孩子害怕蜘蛛是个问题吗？这要分情况来看。如果她对蜘蛛的恐惧影响到她做一些对她来说很重要的事，那么答案就是肯定的。如果不是，那么遵循“如果还没坏，就用不着修”这一原则就好了。如果确实是个问题，你可能会想把你的孩子和她的恐惧隔离开来。可以尝试下面的练习来帮助你的孩子从对动物或者昆虫恐惧的想法或感受中摆脱出来。

练习一下

我从没见过那个！

1. 和孩子一起玩注意力游戏。让孩子做几次深呼吸，然后告诉他去寻找房间里他能找到的最小的东西（或许是墙上的一个点或是他皮肤上的小雀斑）。假装他现在是一名科学家，他的工作是尽最大努力去描述他注意到的东西。你可以建议他谈论东西的颜色、形状、大小、轮廓、质地等。赞美他能告诉你这么多的细节。

2. 接下来，让他谈论一种让他害怕的动物。让他描述动物的样子或者把那个动物画下来。或者如果这是一种你可以拍照的动物，那你可以拍下来、打印出来，在做练习时使用。问他照片里的动物看上去如何。

3. 鼓励他尽可能多地描述那只动物的细节，并热烈地讨论这个话题——尤其是讨论他是否看到了他之前从未注意到的细节。

4. 利用这个机会和孩子谈论：放慢速度，不带任何评判地集中注意力，在接纳恐惧的同时仍然做这件有趣的事情——像科学家一样寻找有关动物的新细节。

入睡恐惧

大多数家长需要在孩子幼年时的某个阶段帮助孩子克服入睡恐惧。这些恐惧可能是来源于“衣橱里的怪物”，或者是黑暗、孤独。每个家庭都不一样。孩子很小的时候，有些家长允许孩子睡在他们的床上，或者躺在孩子身边哄他们入睡。另外一些家庭则很注重独立性，关于睡觉一事有严格的规定，以达到孩子在没有帮助的情况下独立地在自己的床上入睡的目的。这些都是身为家长的你应该为这个家庭所做的决定。

应该考虑的一点是，在某种程度上几乎所有的孩子都应该具有在自己的床上独自入睡的能力。有的时候噩梦会阻碍你的孩子获得这一成长里程碑。以下这些问题可以帮助你判断孩子的入睡恐惧是不是已经成为一个问题：

- 孩子是否能在自己的床上入睡？她做到了吗？
- 你的家庭有固定的作息时间吗？如果作息规律被打破，孩子是否会表现出抵触或痛苦？
- 孩子在入睡时是否需要你过度安慰？这是否需要花费很多时间？

以上这些情况中是否有任何一种会导致孩子的睡眠不充足，或不能独自入睡？如果答案是肯定的，那么请考虑采取更加积极的方法来帮助你的孩子养成一个良好的作息习惯，并学习应对入睡恐惧。下面的练习会帮助你思考可以用些什么方式来应对入睡恐惧。

练习一下

作息习惯

对有入睡恐惧的孩子来说有一个固定的作息习惯是很重要的，应对入睡恐惧的第一步便是让睡觉时间变得更加有计划性、可预见性。花一些时间来为你的孩子养成作息习惯吧。在你的笔记中尽可能详细地写下计划的细节，并牢记以下几点：

1. 想想为确保优质睡眠，孩子需要在什么时间上床睡觉。写下期待的时间并预留出可接受的时间跨度（比如，晚上七点半到八点）。

2. 想想孩子每天的日程安排。思考在你想要她上床睡觉之前的那几个小时内应该如何安排。如果需要安排体育活动，那要确保在她睡觉前留出足够的让她安静下来的时间。写下你知道的会让孩子疲累的活动。然后写下应该在什么时间点之前，孩子就应该停止继续做此类活动。

3. 安排安静时间，比如故事时间通常是一个理想的睡前活动。写下孩子在真正休息之前需要的安静时间，然后写下一些安静的活动。

4. 又饿又渴的情况下孩子不会睡得很好，但是在睡前喝含糖的饮料或是咖啡（或是大量的水）同样不利于孩子的睡眠。在实践中摸清孩子在晚上什么时间停止吃喝最合适。记录下你想如何安排孩子睡前的饮食时间。

5. 现在提前决定孩子在上床睡觉前需要做什么。比如，考虑一下你想让他在晚上还是早晨洗澡，并决定好刷牙和穿睡衣的顺序。什么时候收起他的玩具也是计划中很重要的组成部分。

6. 和孩子商量这些细节。做一个表，列出每一步，帮助孩子了解行动的内容。

7. 或许计划最重要的部分是向孩子说“晚安”，然后离开直至第二天早上再见。这一部分也需要提前规划好。思考你是更愿意在孩子躺在床上时为她读故事或唱歌，还是更愿意在她进房间睡觉之前做这些。思考你是否要给她盖被子，你是会陪她到她睡着，还是会要求她独自入睡，是否要开着门，以及起床时有什么样的规矩。把这些写下来——为了你自己，也为了和孩子分享。

8. 在睡觉之前和孩子就这些内容进行讨论，并经常重复。你甚至可以和孩子在白天就这些内容进行演练。

只要你坚定不移地实施这一计划，无论是你还是你的孩子，都会发现睡觉没有那么让人恐惧，入睡会是一件愉悦的事情。一段时间后，你可以开始尝试做一些轻微的改变，或者调整作息，以便看看孩子是否真正适应，并帮助他学着应对改变带来的焦虑。这些都是激发勇气的好机会。但一定要确保改变是微小而渐进的。比如，你可以考虑：刚开始几晚躺在孩子旁边陪他入睡，然后慢慢调整为离开他的床，比如坐在床下的地板上，接下来坐得越来越靠近门，这样一点一点，直到最后离开他的卧室。

即便制订了近乎完美的计划，做了充分的改变预案，帮助孩子克服入睡恐惧仍然可能会遇到困难。许多孩子会抱怨、哭闹着不肯睡或是要坐起来，甚至通过大吵大闹来回避焦虑。这可能很难处理，而且会让执行作息习惯变得更加困难。因而你需要正念技巧帮助你度过这些煎熬的晚上。下面的练习将向你具体展示如何做到这一点。

练习一下

坚持习惯

1. 回想一次孩子入睡的经历，回忆孩子那些让你感觉有压力、感到自责或是沮丧的相关行为。或是你家小宝在婴儿床上哭闹时，又或是你家大宝吵着要零食时，抑或是孩子尖叫着说有怪物时。

2. 尽可能多地想象有关这一情境的细节，回想当时你的想法和感受。在笔记中，写下脑海里浮现的任何内容。

3. 想象把这些想法和感受放置在云端，看着它们随风飘走。不带任何评判地承认它们的存在。请记住：在真正面对陷入焦虑的孩子时，你也可以这样做。

4. 请注意让孩子睡好觉和学习独自入睡的重要性。孩子需要充足的休息来支持其学习和身心健康成长。意识到睡眠和独立的重要性，会让你更能忍受孩子的哭闹。从现在起强化这一意识，在孩子入睡困难时更是如此。

5. 思考你自己关于孩子入睡问题的焦虑，耐心接纳它的存在。花一两分钟想想你可以跟孩子说些什么，告诉她你知道她的恐惧，并鼓励她睡觉。写下几个好主意。

行为固执和寻求安慰

许多焦虑的孩子，不管他们经历的是何种焦虑，都会有某种程度的固执。这意味着与其他没那么焦虑的孩子相比，他们更容易对新事物产生焦虑，更难忍受计划被打乱或者事情具有不确定性。这在一定程度上与他们天生的气质类型有关。许多经历焦虑和恐惧的孩子都会“要求”成年人把事情安排得有条有理，完全可预期到下一步会发生什么。这本身并不是问题，除非影响了孩子或是你的家庭去追求有意义的或看重的目标。这是有可能发生的，比如孩子因为日常安排发生了出乎意料的变动而大发雷霆，或者你觉得你花费了大量时间来安慰你的孩子，或者孩子过于频繁地追问以确定一些事情，如接下来会发生什么，你会在哪里，以及你什么时候回来。如果你觉得其中某些情况对你的孩子来说已经构成问题，请尝试以下的练习，以了解除了不断回应这些为了寻求确定性而产生的不合理的询问，还可以如何为孩子提供支持的思路。

练习一下

为困难情境做计划

1. 选择一个孩子觉得困难的情境——在该情境下，孩子向你寻求安慰或是请求你做一些改变来帮助他避免焦虑。

2. 尽可能详细地写下那个情境的细节。

3. 写下你认为孩子可能会制造出的干扰计划实施的障碍。所谓障碍，就比如尽管明知道会让你迟到，孩子依然要求你把他放在某个地方，他才会下车去上学。要详细做好记录。

4. 现在写下你将如何应对你列出的这些障碍。你准备怎么做？你会跟他说什么？你会要求他做什么，以及如何支持他按要求做？不要忘记考虑你将如何接纳自己以及孩子的想法和感受。

现在你已经了解了一系列儿童早期会有的恐惧和焦虑，你可能已经注意到了一些模式。感到焦虑的小孩子总是倾向于回避他们害怕的事情。身为家长，你的角色是鼓励他们直面恐惧，特别是当恐惧影响到对孩子而言很重要的一些活动或关系的时候。有的时候做到这一点很难，尤其是作为家长，在孩子焦虑时，你会很担心他。然而，在这些时候，你或许会下意识地使用一些无效的策略。下面有几点建议，希望能帮助你更好地度过这些困难时刻。

无益的结果

当你的孩子害怕某些东西时，无论是狗狗、蜘蛛、与你分开或是同伴的取笑，他会逃避发生这些事情的情境。但是另一件事也有可能发生：他只会注意到害怕的事情，对周遭一切都来不及关心。如果他的关注内容是僵化且狭隘的，这会阻碍他拥有更丰富、更细致的体验，因而不利于他拓展觉察范围并进行学习。如果他在遇到害怕的事情时，能够表现得更加灵活，他的体验就会被拓宽。培养患有焦虑障碍的孩子的这种灵活性是家长的任务，尽管这并不是容易的事。

鼓励孩子面对恐惧，比如参与社交活动、与你分开或是与他害怕的动物互动，这对于作为家长的你以及你的孩子来说都是有压力的。有时，简单地让孩子回避这些令他不安的事情和情境要比鼓励他勇敢地参与其中要容易得多。因为孩子可能会在你要求他面对他害怕的事情时变得固执、眼泪汪汪、十分悲伤，或是兼而有之。

有时，回避是孩子感到不安时的绝佳回应方式。例如，当孩子害怕邻居家那只会咬人的狗时，实际上你最好建议他避而远之。但是如果回避干扰到你的孩子、你自己和你的家庭重视的活动或关系，那么回避就是一个问题了。如果你的孩子避开的不仅仅是邻居家那只咬人的狗，而是所有的狗，那就可能导致他无法去家里养狗的同伴家里玩耍，这时，就可能是个问题了。如果是这样的情境，请思考对你的孩子和你的家庭来说什么是最重要的。尝试做下面的练习，探索你、孩子和家庭的价值方向，以及思考回避如何促进或是阻碍你们对价值的追求。在本章中我们已经探讨过回避焦虑的后果。我们想要强调的是回避有时是行之有效的，但有时也会成为追寻价值的拦路虎。看看对你和孩子来说是否也是如此。

练习一下

击中目标了吗？

1. 请思考你最想让自己的孩子得到什么——在亲子关系、她的成长、情感幸福等方面，你希望得到什么。你在之前已经写过这方面的内容，但现在请继续就孩子和亲子关系这两个价值领域写下更多的想法。

2. 想象这些价值是由一个个具体的目标来体现的。你不需要把这些目标都写下来，但是请充分地思考它们。如果你们一直完美且始终如一地践行这些价值，你会做些什么，孩子会做些什么？想象这些目标和促使目标达成的支持性行为就像靶心和击中靶心的飞镖一样。

3. 现在想一想你回避焦虑的所有方式。同时回想在这些方式中，你是如何允许孩子回避焦虑的。或许是你开始担心孩子一人在幼儿园，所以你提早下班去看她的情况；或许是你提早把他从学校接回来，从而让他不必与同学待在一起。不同的家长会采取不同的回避方式。在笔记中写下你的回避策略。

4. 回想你在尽力回避时的行为。如果你把它放在你的价值靶标上，它距离靶心有多远？记下你离靶心是近还是远，并写下你关于这段距离的想法和感受。

5. 花一两分钟思考一下如何减少你与自己的价值之间的距离，让自己更接近自己的价值。写下你对这些方法的想法和感受。

6. 每两周或每月回顾一下你的价值靶标，以帮助你了解自己在实现价值目标方面做得怎么样。你也可以尝试和孩子一起做这个练习。询问她在意什么、想要什么，然后跟她讨论为实现这些需要采取什么样的行动。制定一个价值靶标，让孩子和你一起在“靶心”

做标记。即使是年幼的孩子也能很好地做到这一点，这项活动可以让你们有机会澄清价值，而且是在示范愿意、正念和接纳。

谈谈专制

当考虑你最看重什么时，有时你和孩子的价值方向会发生冲突。比如，你可能想要孩子成为社交达人、外向活泼、友善亲和、被朋友围绕。但如果孩子的性格比较内向，这可能就和他对自己的期待不符了。或许他更想要的是每隔几周和三五好友一起玩耍或是和一两个好朋友相约去看电影，而不是热闹喧哗的社交活动。因此，给孩子留出一些私人空间也很重要。承认、抱持并接纳你的期望和梦想，同时也不要牺牲孩子的“我是谁”，强迫他做不愿意做的事情。创造并保持这两者之间的平衡确实很难做到，这也是作为家长需要面对的一个持续性挑战。然而，毋庸置疑，这是非常值得的去做的，这可以帮助你支持孩子按照自己的节奏去参与社交活动（或其他恐惧的情境）。这会帮助你和孩子一起合作去实现他的价值方向，而不是因此发生冲突。

练习一下

理解行为的功能

1. 想象一下孩子最近害怕的社交互动场景或类似情境。想象尽可能多的细节。

2. 让你的意识转向内在世界。在互动的那个时刻，你都有哪些想法和感受？你还记得什么？身体都有哪些感觉？

3. 在笔记中记下你当时的行为，以及后续发生的事情。

4. 看着刚写下的内容，思考你的行为在那样的情境中起到了什么作用。思考下面的问题，以便帮助你找到答案：你是否强迫自己的孩子去参加某种活动，比如运动或健身，仅仅是因为你觉得那是孩子应该做的，或是因为那是你曾经做过的，或是你想做但从没有机会做的？你是否曾因为你觉得登台表演会帮助她克服被其他孩子嘲笑带来的担心，而鼓励她在幼儿园里参加表演？

5. 家长会做出诸多不同的行为来应对焦虑，这些行为的背后都隐藏着诸多不同的理由。请好好想想你和孩子。你采取某种方式，是为了减少自己的不安，还是为了帮助孩子过上富有成效、有意义的生活？还是这两种理由混杂在一起？

6. 写下你对此的想法，然后花些时间不带任何评判地觉察你对此的感受。

你的孩子没问题

本章我们一直谈到的一个主题是，作为家长，看着自己的孩子经历焦虑和恐惧是非常困难的。对你来说，鼓励自己的孩子勇敢靠近而不是逃避他害怕的事情，同样是一件困难的事情。因为这样做毫无疑问会增加孩子的焦虑程度。然而，这会帮助你的孩子开拓一个更大、更宽、更广阔的世界，进而以丰富、接纳的方式生活着、体验着。

通常，在孩子感到害怕和焦虑的时候，安慰他会是你的第一反应。在某些情境下这样做无可厚非，但是当孩子面临着长期的或是极度的恐惧时，这样会向你的孩子传递这样一种信息：她没有能力承受或体验自己的恐惧和焦虑。虽然这并不是你的本意。这也会让她觉得焦虑和恐惧是不好的，必须对其加以制止才能愉快地生活或是和朋友玩耍。

带着慈悲和同理之心去鼓励孩子面对他的恐惧，或是为他示范“勇敢”行为，则会向他传递一种不同的信息：他没有问题。同时传递出：他是坚强的；他可以更勇敢；即使这个过程并不太容易，你也会帮助他一步一步克服障碍。所以尽管对你来说看着他自己勇敢地接近害怕的情境会让你心生不安，但是他不仅需要你的陪伴，更需要你相信他的力量——即使你自己也心存畏惧。尝试做下面的练习帮助自己做出会和孩子一起面对恐惧的承诺。

练习一下

承诺

1. 正如我们已经多次说明的那样，所有的孩子和家长都会有焦虑的时候。或许你的孩子比其他某些孩子更容易感到焦虑，但这并不意味着任何事情。请牢牢记住这一点：如果放下焦虑，你对她未来生活的真正期待是什么。

2. 现在想一想，如果她选择了你希望她过的生活，你可以做些什么来帮助她实现这种生活。

3. 写下你愿意为她做些什么来确保她过上有价值的生活——让她无论焦虑与否都能一直前行。这是你对她的承诺，与她分享。确保她明白往前走并不意味着不会害怕。确保她知道你对她的期望：她可以选择坦然面对而不是只能被动地回应焦虑和恐惧。

总结

在本章中，我们讲述了如何使用 ACT 和一些有效的策略来帮助你处理孩子的焦虑和常见的儿童早期恐惧（包括分离焦虑、社交焦虑、动物恐惧和入睡恐惧），以及过度固执和过度寻求安慰的情况。我们将恐惧定义为两部分：心理上的恐惧体验（包括想法、身体感觉和情绪）和回避。我们也讨论了在促进孩子参与有价值的活动时家长无效（迁就）和有效（鼓励勇敢和面对恐惧）的教育行为。绝大多数工具在之前的章节中已讨论过，这里我们集中提供了大量的机会让你思考如何使用它们应对你的孩子和你自己的回避行为。在下一章，我们将讨论如何在许多不同的情境中使用ACT技巧，以及在情况变得更加困难时如何坚持使用这些技巧。我们也将讨论家长在面临额外的教育挑战时的自我慈悲。

第 10 章

整合工具

生活中的全面养育策略

我们所有的探索，终将回到起点，并如初见般再次去探索。

——T. S. 艾略特（T. S. Eliot）

在之前的章节中，我们帮你探索了对你来说什么是你在养育孩子时最重要的。尽管你充满热情地追求这些重要的目标，但仍会遇到很多坎坷。这可能包括特别困难的情况，比如孩子在公共场所行为不当，或者你和孩子都没有准备好如何应对的新情况。在你追求养育价值时，你会面对一些困难，比如养育策略难以实施，或者需要应对头脑中喋喋不休的消极想法。而正是在这些时候，最重要的是不仅要坚持自己的价值方向，而且要付诸行动。

在这一章，我们将探讨如何将你已经学到的技巧运用到更困难的情况中，以及遵循价值的承诺行动是如何帮助你朝着对你和孩子来说最重要的结果方向前进的。我们还会帮助你发现可能会使你偏离目标的事件，以便当这一进程变得比较困难的时候你能更有效地进行养育。我们希望也能向你展示，在你使用这些基于 ACT 的技能引领孩子度过幼儿时期时，你可以如何温柔地对待自己。

在生活中践行你的养育价值

现在你已经读完了这本书，花点时间坐下来静静地思考一下，并清点一下你的收获。我们希望已经给了你一些工具来帮助你度过养育儿童早期阶段的孩子过程中那些或者狂风暴雨或者阳光明媚的时刻。花点时间静下来反思一下从孩子出生到现在的亲子关系。欢迎头脑中出现的所有想法、感受、记忆和画面。给欢乐或平静，以及痛苦或困难的时刻都留出空间。看你是否能够像欢迎朋友一样欢迎它们，然后尽可能久地和它们待在一起。在你努力着手与孩子开始一段新关系时，所有这些想法、感受、记忆和画面都会为你提供有价值的东西。在你努力贯彻你的养育价值时，花点时间反思自己，是否愿意以一种没有挣扎的、接纳的态度抱持你的所思所想。如果你注意到有疑惑或担忧，欢迎它们。如果希望和使命来访，同样欢迎它们。所有这些思想、感受、记忆和画面都能自由来去。你，作为家长，可以选择给它们留下空间——或者不留。这里有一个练习帮助你触及你对孩子的希望与心愿，并且帮助你在此情景中看见你的想法和感受。

练习一下

童年回顾

1. 花五分钟时间思考并在你的笔记上完成下面的句子：我的童年是……

2. 读一读你对童年的陈述。注意它让你有何感受并激起了什么想法。注意是否有什么特殊的记忆出现。把这些反思记在笔记中。

3. 如果有特殊的记忆，让自己待在那一刻——在那个“此时此地”。尽可能详细地回想细节，就像你在看一部电影，并且你可以置身其中：你正在什么地方？你正在做什么？你有什么想法和感受？有人和你在一起吗？如果有，他们在干什么？记录下描述这个事件（或这些事件）的关键词。

4. 想象你可以倒回和快进到你童年的其他生活事件中。进入你最早的记忆，再到最喜欢的记忆，然后回想一个你不愿意回想的记忆。在每一段记忆中都花上一些时间，不管头脑中冒出什么，你都体验感知一下。

5. 现在在笔记中回答下面的问题：你在多大程度上希望孩子的生活和你的相同或不同？如果你的孩子成年后要完成一个类似的练习，你希望他回想起什么样的记忆？你希望他看到什么？你希望他在回忆他自己的生活以及他跟你的关系时，浮现出什么样的画面？

处理失误

如果你像大多数家长一样，在事情进展顺利且没有太多挑战时，践行价值就会很容易。但是，如果你觉得自己可能有什么失误或做错了什么，事情就会变得很艰难。你可能注意到，你越是有效地朝着价值方向前进，你体验到的自我怀疑就越强烈。这是因为越接近你看重的事物时，你就越脆弱：往往人在说出希望得到的东西时，随之而来的是可能会失去这个东西的恐惧。

在你偏离你的方向时，应当清楚这个偏离并不是终点和失败。失败是一种选择，一种只有你自己才能做出的选择。毕竟，只有在你选择放弃并停止尝试时，你才会失败。当然，在你感觉可能做错了什么时，你会将其体验为失败的感觉。但是，这仅仅是提示你，你也是个正常人。请记住，有效养育并不是一项有终点的任务，不是你需要完成的指标，也不是某个你可以安全到达的地点。养育将会伴随你的一生。你的选择很简单——转身离开或者继续向前。所有的家长都会因为孩子的反应和自己的头脑讲述的故事而偏离轨道。然而，这里重要的是，在偏离价值方向之后你选择怎么去做。选择回归有效养育可能是个困难的决定。而更难的是，你可能意识不到这是一个“决定”，尤其是当你下意识地做出反应时。但它确实是一个决定。这是正念可以帮助你的另一个地方。如果你觉得自己还不是有效的家长，可以尝试下面的练习，锻炼你的正念技能。

练习一下

给失败留出空间

1. 回想你在养育中认为自己出现的一次或大或小的失误。想象出当时的画面，尽可能多的细节。此时此刻，允许你自己去体验当下出现的任何想法、感受、身体的感觉、记忆。

2. 在你的笔记上，用一些关键词记录下你作为家长出现失误时，以及把失误体验为失败时的感受。

3. 查看你在步骤 2 中写下的记录。注意你是否因为失败的感觉太糟糕，从而想要放弃或回避在孩子身上尝试新方法。

4. 再次看看这些关键词，留意你的感受，不要企图回避或改变它们——不要评判它们。

5. 现在再看看步骤 2 中的记录。如果你有强烈的情绪体验或感到脆弱，那这其中往往隐含着你的价值方向。在你让这些感觉逗留时，你能识别出你的价值方向或对你有重要意义的东西吗？考虑一下：如果你因为觉得困难而想要放弃某种养育策略，这会对你的孩子或你希望与孩子建立的亲子关系造成什么长期影响吗？

6. 允许自己承认可能的失败是成功养育的必要组成部分。失败是尝试为孩子做些什么的结果。回避可能的失败意味着回避成为非凡家长的可能性，也就是回避你想要给予孩子的。请你轻柔地抱持着这些想法（不必评价、不必争论），想想你是否愿意在为孩子而努力的过程中承担失败的风险。

7. 现在，基于你的意愿行动吧，对出现的任何想法和感受保持开放。

我们生活的文化环境教导我们失败是不可接受的，但是失败是良好生活和有效养育的一部分。我们需要再次重复上面已经讲过的：回避可能的失败意味着回避成为卓越家长的可能性，也就是回避你想要给予孩子的。愿意去行动，是让你回到正轨、按照你的价值方向养育孩子时至关重要的一步——尤其在事情不如你意的困难时刻。

应对生活压力

你可能会多次经历难以按照你的养育价值采取行动的情况，而这些情况的发生与你的孩子通常没什么关系。你可能正在经历生活中的其他压力：经济的、婚姻的、工作的或者健康的问题。如果你正在经历特别困难的时期，或者你的家庭正在面临巨大的挑战，你对养育的关注可能会被搁置一边。这些时候你年幼的孩子尤其需要你有力的支持和引导，但你可能发现自己更加力不从心了。出现这种情况时，你因养育孩子而感觉受困和折磨。你也可能发现自己正在“关机”或者“走过场”——浑浑噩噩地完成着很多不得不做的事情，一天就过去了。在你精疲力竭、力不从心时，你就很难在情感上给予孩子陪伴。花点时间尝试下面的练习，它可以帮助你即使在最困难的境遇中也能够用心陪伴孩子。

练习一下

一大波麻烦来袭！

1. 回想你生命中遇到麻烦和压力的时候——生活中接连遇到不顺的事情。也许是你丢了工作，或者你或孩子生病了，或者很多坏事碰到一起。无论当时（或现在）你遇到的具体问题是什么，在想象中呈现出来。

2. 让自己想想在这样的时刻里，你与孩子如何互动。像看电影一样，一幕一幕地观看自己的养育行为。请注意：每个场景中都有很多事情在发生，而你要履行多项责任。找到因为疲劳、伤心、害怕，或者其他某种痛苦而无法做出理想回应的时刻——那些你不堪重负而回避或不去做养育“工作”的时刻。

3. 让你的意识转向内在，关注想法和感受。在你的笔记上记下在这种不堪重负的情况下养育孩子的感受。如果你对这种感受本身有想法或感受，也记下来。

4. 接下来，看看是否能通过接纳和正念的方式来觉察这些感受。用一种全新的方式，一种友善和温和的方式，审视它们。如果这些感受有形状，它们会是什么样的？这些感受是轻的还是重的？它们有颜色和质地吗？如果有，是什么颜色和质地？和你的感受待在一起——如果它们有形状、重量、颜色、质地，那么也带上它们——承认生活确有坎坷，养育常有压力。

5. 花几分钟回到你在上面想到的压力场景。现在你察觉到有什么不同，之前你错过了什么吗？即使在最困难的时候，也要给自己留点空间，快速地觉察并感谢你自己、你的生活和你的孩子。

觉察的能力——以及全然陪伴孩子的能力——可能会在生活的风暴和压力下丧失。但是，它又是只要你想要或者一旦你意识到你被别的事情带走时，就能立即找回的。即使面临前所未有的困境，你也有无限的能力来全然陪伴孩子。在你处于生命中的困难时期时，试试看，这是不是真的。随着时间和练习的累积，这种温和的、慈悲的、当下觉知的存在方式会变成你信手拈来的能力。

做得再好也不够

即使你把每件事情都做对了，有时也还是不够。这是养育中最难接受的事实之一：即使你做了所有正确的事，你仍然不能掌控孩子的成长方式。正如你在做出自己的选择一样，孩子也将做出自己的选择。孩子的未来最终取决于很多事情，而不仅仅是你的养育。作为家长，承认甚至欣赏养育中的失控感是非常困难的。人们也经常很困惑家长为什么不能全然掌控，但事实就是你的影响只是塑造孩子未来的诸多因素之一。但即使如此，这仍是值得你投入大量关爱和注意的重要事情。在儿童早期，意识到你作为家长的局限性特别重要，当然，也特别困难。

在你希望通过养育行为来控制或者预防某些你不希望出现的负面结果出现时，你的行动（或不行动）可能会阻碍你有效地运用我们在之前章节中介绍的养育策略，还可能会让你偏离你的养育价值方向，尽管看起来好像你是在朝向正确的方向。在你的养育笔记上尝试下面的练习，看你是否能够识别这种情况——你是在因为对潜在结果的不安或担心而做出反应，还是正念地、积极主动地与孩子在一起。即使你不能控制孩子发展的结果，你仍可以全心全意、无条件地做一名家长。

练习一下

无条件养育

1. 现在想一想你想让孩子停止某种行为，比如抱怨、打人、撒谎或拒绝睡觉。挑出切切实实烦扰你的，令你担心会影响到孩子幸福或健康成长的某种行为。

2. 写下你可以让孩子停止这种行为的具体方法——你可以为她提供良好的环境让她不再抱怨，或者你可以利用某种结果来让她尽可能少地拒绝睡觉。比如，你可以忽视她的抱怨并只在她用“大孩子会用的语言”时才做出回应，或者你可以订个夜间作息时间表来促使她准点上床睡觉。请写得具体一点。

3. 现在想象你正在做你在第 2 步中写下的行为，完整地再现你的养育画面并想象孩子的“不合作”行为。例如，她在抱怨，并且她的声音越来越大，或者她在卧室外缠着你大哭。

4. 把你的意识转向内在：寻找愤怒、挫败、担心、失望和内疚，并且寻找理解、同情、爱和欣赏。记下此时此刻所有的想法、情绪、记忆和身体感觉。

5. 温柔地握住这些感觉，就像它们是精致的玻璃饰品。想象下一步做正确的事情以使自己回到正轨。现在你可以做什么？想好下一步是什么，记下来。

6. 请记住，你可以选择——不论你此刻感觉如何，不论孩子如何回应——以你想给孩子的和你期待的亲子关系来选择你的养育方式。当你发现养育不再让人感觉很糟时，注意到这一点——然后再次回到正轨。

当事情没有按计划发展时

有时事情并不会按计划发展。当这种情况发生时，重要的是要明白人无完人。有时，家长们告诉我们那些屡试不爽的策略“行不通”时，可能是因为这些策略没被用好。有时他们的养育方式缺乏一致性；另外一些时候，他们可能在运用时，规则太死板，或者反应太迟钝，或者运用的时机不对。因此，当事情没有按照你的计划发展时，作为家长，重要的是能够有意识地从困境中走出来。为了搞清楚哪里出了差错，客观地回顾养育情景，检查你运用的养育策略中，哪些有效而哪些无效。当然，很多外部环境因素会导致无效的养育。但你自己的想法和感受也常常会成为触发因素。

下面的表格列举了家长们在使用我们教的养育策略时，常犯的一些错误以及一些家长常见的心理触发因素（想法和感受）。这个列表并非毫无遗漏，你的心理触发因素可能和这些不尽相同。但这些确实是在我们的工作坊及个体养育培训中，家长普遍提及的。

使用养育策略的常见错误	可能的心理触发因素
给出方向但是没能确保孩子坚持到底	愤怒； 有“孩子首先应该听话”的想法； 不在当下或是被其他的事情分心。
设定规则后又对孩子让步	在孩子加剧他的行为时感到难堪，特别是在公共场所时； 再也受不了了的感受； “让步或许会更简单”的想法； 告诉自己没必要限制孩子； 肌肉紧张或者因压力而头痛。

续表

使用养育策略的常见错误	可能的心理触发因素
用惩罚而不是奖励来教导适当的行为	生气或受挫的情绪； 认为你的孩子“应受”惩罚或者惩罚会“教育”孩子； 感觉自己应该对不当行为马上做出反应； 在孩子行为不当时不能正念地安处当下。
“尝试”许多不同的方法而不是用一致的方式处理不当行为	有“之前已经尝试过这种策略”的想法； 有“我试过了，没有用”的想法； 在设定了规则后孩子恶劣行为加剧，让你感到受挫或难堪的情绪。

有时你会发现自己陷入了一个或几个这些常见的错误模式中，这时看看在养育子女之外你的生活还在发生什么通常是有帮助的。例如，你是否在其他方面正经受压力？与其他时期相比，这是不是你人生中更困难或更具挑战性的特殊时期？用下面的练习来探索这些问题。

练习一下

把错误放入语境中

1. 查看上表中常见的养育错误，看你能否回忆起你有时陷入了一个或几个错误模式的情景。在笔记中记下来。

2. 把你的生活想象为一部电影，你正在观看。试试从你能记起的最早时刻开始，一直播放到现在，看看你是否能感受这个历程。回想你和家人一切都很顺利的时候。在那时，你的生活充满了希望和可能性，你期待着更多的美好时光。看看你能否尽可能完整地回忆出那个时刻。现在，请花一些时间，重新体验这些曾有过的感觉。

3. 现在回到你陷入某种常见养育错误模式的时刻。那个时刻的生活和你刚刚回忆中的时刻相比，是什么样的？这两个时刻有什么不同？你有什么想法和感受？那时的情况是不是导致你陷入养育错误的原因之一？花几分钟去体会这些时刻，并探索它们与你生活中更积极或更愉快的时刻比有什么不同。

当你经历生活中其他方面的压力时，无论它们是来自家庭、工作，或是你自己的心理健康，它们都会成为影响你选择如何养育孩子的语境因素。在面对多重压力时，人们很容易就会脱离当下，去反思过去或担忧未来，也很容易就去使用无效的养育策略。请意识到会有更广泛的语境因素在影响着你的养育方式和你跟孩子的关系，因为这能帮助你把注意力放回当下对 ACT 养育策略的使用上，而不是脱离当下。

何时温柔，何时坚定

当你能够识别无效养育策略的触发因素时，注意不要卷入我们所谓的“找理由”状态中。换句话说，当你经历严重的环境压力时，注意不要把这些因素当作借口——或者合理化我们前面描述的常见错误。例如，你可能会说“哦，这次我让步是因为我实在太累了”或者“他只是今天不能去上学——他太焦虑了。而我现在还有很多其他的事情要和他讨论”。大脑很善于找理由，特别是在它试图保护你，不让你感觉你做得没有像自己希望的那么好时。因此，看看你是否能觉察到你自己对此的体验。当你发现自己忙于找理由时，核查一下这种做法是否跟你的养育价值一致。如果不是，看看你是否可以温和地做出选择：首先，留意你是为了什么而找理由，然后，坚定地返回你原定的轨道上来。

自我慈悲

所有的家长都会犯错。当你犯错时，可能会打击自己。比如说，你会对自己说“你永远也做不了好家长”，或者“放弃吧！因为你就是做不好”。当你发现头脑里开始有这样的说辞时，提醒自己你也是普通人。你的内心也许会对你说都是你的错。请注意这些想法本质上到底是什么：它们仅仅是想法。而如果你把这些想法当成事实了会怎样？你可能会停止尝试不同的事情，或者你可能会对自己生气或觉得泄气，从而想放弃。如果你的体验与此一致，请尝试下面的练习。

练习一下

一个我，一个完整的养育者

1. 回想一下，在你的养育过程中，你感觉自己好像犯了或大或小的错误；它可以是你之前写下来的某个错误，也可以是某个之前没写过的错误。像看电影一样再次回想这件事情。特别是要看看你自己——你的姿势、你的面部表情、你走路的方式、你说了什么甚至看你穿的衣服。

2. 现在请用同样详细的方式去回忆一次你卓越地完成了养育工作的经历。看看你的姿势、你的面部表情、做了什么、说了什么——就像你上面做的那样。

3. 现在花点时间来感知这里有一个“你”，是这个“你”在看着失败和成功这两个情景中的“你”。感受一下你现在正在做什么，你在哪里。请注意：“你”存在于两个情景中——同样在现在这个正在感知的情景中。

4. 你是同样的你，不管你的养育行为是“好的”还是“坏的”。这里有一个更大的你，比你任何的行为集合都大。你可能穿不同的衣服，说不同的话，做不同的事，你甚至可能看起来和以前不同——然而这里只有一个你，一个完整的你，从始至终。

5. 带着这种意识，做出如下承诺：当你在你的养育中犯错或经历失误时你会重新回到养育价值。现在把这个承诺写入你的笔记。

关于放下

拉尔夫·瓦尔多·爱默生曾经写道：“每一天结束以后，就不要再伤心后悔，你已经尽你所能。尽管犯了些错误，也做了荒谬之事，尽快把它们忘记。明天是新的一天，美好而祥和地开启，振奋你的精神，让旧日琐事随风而去，不再阻碍你的前行。”虽然我们不提倡忘记（因为那是一种逃避），但我们确实鼓励你原谅自己的缺点和过错。把过去留在过去，把未来交给未来，让自己活在当下。正念养育的一个重点就是努力与孩子待在当下，而不是活在过去或未来。如果你跟世界上的大多数家长一样，你会发现自己摇摆不定；有时，这种情况会在持续一段时间之后，你才意识到这一点。沉迷过去或担心未来会歪曲你对当下的认知，使你更难进行有效养育。关于过去的想法会勾住你并使你脱离当下。同样，如果你担心未来，你会花费更多的精力去应对那些甚至不会发生的问题，而不是正念地、快乐地跟孩子在一起。当你保持正念时，你是一条船，过去和未来会短暂漂来又流淌而去。阅读下面这个禅喻故事，或者说寓言故事，它来自一个流传了几个世纪的佛教禅宗故事。起源已不可考据，也衍生出了很多的版本，这里给出我们的版本。

育儿小故事

河堤二僧

一个舒服的秋日，太阳暖暖地照着。一个老和尚和一个小和尚步行前往一座遥远的寺院。之前的天气很糟，一直在下大雨，所以现在他们行走的小路非常泥泞，举步维艰。尽管如此，他们依然感激温暖他们后背的阳光，并继续向前走去。

过了一段时间，两个和尚因长途跋涉而感到非常疲倦。他们又渴又饿，迫不及待地想要快点到达目的地。然而他们遇到了一条涨水的河流，看上去似乎很难渡过。一位看上去很烦躁的年轻女子站在河边。小和尚走上前去问道："你尝试过渡河了吗？能告诉我们哪里的水浅一点，能让我们到对岸去吗？""我看着像试过的吗？"年轻女子反问道，转身走开不再理他。"这也太没礼貌了啊，"小和尚想，"我自己会找到渡河的路。"他艰难地在河流中穿行，好几次都进入了深水区，并且想方设法游了出来，最终成功到达河流对岸。他回望着那个女轻女子，她看上去愤怒而绝望，在试图寻找更好的过河之路。"很好，"小和尚想，"罪有应得！"

一直看着这一切的老和尚，干脆地背起女轻女子并带她穿过河流，到了对岸再把她放下。"看你做了什么，"她说，"现在我全身又冷又湿，我的衣服全毁了！"老和尚给了她一个和蔼的微笑，跟小和尚一起继续上路了。在他们赶路时，小和尚越想越生气。"为什么师父要去帮那个没礼貌的女人？她不配！"他不能摆脱这些想法，并且气愤地走了一里又一里。他不再注意后背的阳光或是路上的泥巴，而是充斥着对女子的恼怒和对老和尚的不满。最后，他再也控制不住自己。“师父，”他对老和尚说，“你为什么背那个女人？她那么没礼貌，还对你的帮助毫不领情！”“我的孩子，”老和尚回答，“我在几里地前就把她放下了，你为什么还背着她呢？”

尝试下面的练习，看看你作为家长，一直以来都背着什么。

练习一下

你可以选择放下什么？

现在用大约五分钟的时间思考并完成这个句子：

为了让我和孩子在一起的时候能够拥有自由的头脑、开放的心灵、坚定不移的方向，我需要放下 ______________________________。

自我关爱的重要性

我们在这本书中花了大量的篇幅来讨论作为家长的你如何养育你的孩子。但是，作为家长，滋养自己同等重要。花点时间体会孩子对你的依赖。在全世界，没有另外一个人能够在你的家庭中充当你的角色。很可能也没有其他人比你更深爱、更关心你的孩子，或者在孩子出问题时更痛苦、更悲伤。花一点时间让自己待在这个空间里并留意你在这里的感觉。

当了家长，就被赋予了极大的责任——有喜有忧。为了实现你的养育价值，你也必须照顾好自己，这一点至关重要。为了胜任家长的职责所需做出的一项努力是了解自己的局限性——承认并接纳它们。成长始于对自己局限性的认识。这种认识使你更容易放下要求自己始终完美的期望，从而允许自己成为自己本来的样子：有觉知、有活力，是孩子坚强的后盾，是思想和感受自由流动的容器。正如你会因为失败而打击自己一样，请记得在成功的时候为自己庆祝。使用下面的练习来帮助你形成一个自我关爱的计划。

练习一下

自我关爱和寻求帮助

1. 在你的笔记、日历或每日计划上，给自己安排一些休息时间，即使它们只是很短的一段时间。例如，可能是每天下午 2~3 点孩子午休的时候，或者在你下班后和开车去幼儿园接孩子之前的那 10 分钟空隙。在你的时间表里找到还没有被结构化的、难以改变的活动填塞住的任何间隙。

2. 请精心设计这些空隙时间——为自己做点什么，如冥想、锻炼或者允许自己什么都不做！

3. 应该像对待时间表里的其他事一样认真地对待这些自我关爱的机会。不要把它们安排给孩子、伴侣或家务——除非你真的喜欢做打扫卫生之类的事情。

4. 请一定要告诉别人这些时间里你的安排，这样他们就不会找你做其他事情了，而且在你因为压力想要改变这些时间的计划时，他们还可以帮助你坚持计划。在你的笔记中列出那些你可以与之分享你的自我关爱时间表的人。

5. 把你的计划告诉你在第 4 步中列出的人，并告诉他们——或者其他你认为更合适的人——当你不堪重负时你会请求他们的帮助。请在你需要时寻求帮助！

旅程继续：遵守你的承诺

在第 6 章，我们为你提供了对孩子做出承诺的机会，这样你作为家长就可以帮助他朝着你希望和梦想的方向前进。为了遵守这个承诺，你也许会发现以体验的方式经常回顾承诺是很有帮助的。因此，我们将在这本书的结尾提供另一个机会，用一封信来描述你对孩子的承诺。你可以选择让孩子看或不让孩子看。这取决于你。我们希望在这封信里，你能够将你在用关爱的、有效的方式陪伴你的孩子度过他的童年早期时你最看重的东西充分地表达出来。

练习一下

给孩子的一封信

1. 给你的孩子写一封信，一封在她高中毕业或是她结婚时你才会拿给她的信，一封意味深长且内容丰富的信，一封可以在她在人生中获得重大成就时分享的信。

2. 告诉你的孩子，你对你们关系的期望和你最想给她什么。

3. 写下你的恐惧和脆弱。告诉她你担心有些什么会阻碍你对她的希望和梦想的实现。

4. 最后，告诉你的孩子你会多么坚定地支持她，或者为她做正确的事情——不管有多难。

5. 把这封信放在一个安全的地方。有一天，也许当你的孩子达到某个特定的里程碑或者取得特别的成就时，你再来取出它。当那个时刻到来时，你会知道的。把这封信读给自己听，如果你愿意，跟你的孩子一起分享。

我们希望这个练习能够引起你的共鸣，现在你已经读完了这本书，我们也希望你写的信能成为一个护身符或特殊的象征，持续陪伴你和孩子的共同成长。

总结

在这本书中，我们描述了在孩子童年早期，也就是2~8岁时，常见的行为挑战。我们在接纳承诺疗法的养育哲学下提出了基于实践的养育行为管理策略。本书的一个核心宗旨是：你作为家长的内在体验是你如何养育孩子的重要影响因素。我们提出经验性回避会妨碍你在学习和使用有效的养育策略时的敏锐度和有效性。相对而言，我们希望用正念觉知和接纳促进你支持孩子发展恰当的行为，并防止不良行为。我们还讨论了将这些技巧应用于见诸行动的行为，以及焦虑和恐惧。最后，我们还讨论了作为家长，如何在你可能感到非常脆弱时坚持这些策略。我们希望这些技能对你有用。我们祝愿你的养育旅程一切顺利！